历史的丰碑丛书

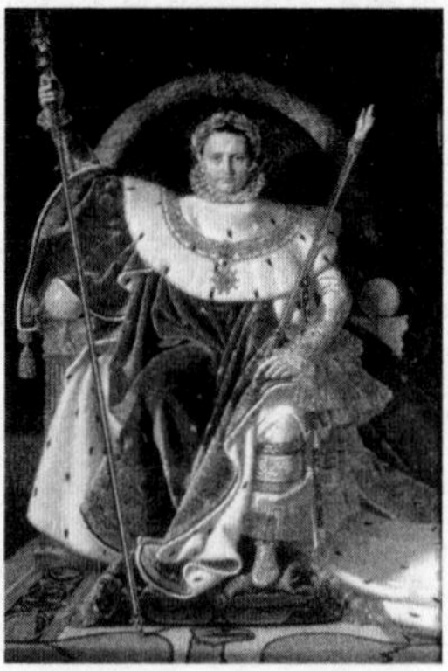

政治家卷

法国大革命的利剑
拿破仑

范景峰 薛立胜 编著

吉林人民出版社

图书在版编目(CIP)数据

法国大革命的利剑——拿破仑 / 范景峰，薛立胜编著 . -- 长春：吉林人民出版社，2011.4（2021.8 重印）
（历史的丰碑丛书）
ISBN 978-7-206-07591-9

Ⅰ. ①法… Ⅱ. ①范… ②薛… Ⅲ. ①拿破仑，B.（1769～1821）-生平事迹-青年读物②拿破仑，B.（1769～1821）-生平事迹-少年读物 Ⅳ. ① K835.655.2-49

中国版本图书馆 CIP 数据核字 (2011) 第 039434 号

法国大革命的利剑 拿破仑
FAGUO DAGEMING DE LIJIAN NAPOLUN

编　　著：范景峰　薛立胜
责任编辑：郭雪飞　　　　封面设计：孙浩瀚
制　　作：吉林人民出版社图文设计印务中心
吉林人民出版社出版 发行（长春市人民大街7548号 邮政编码：130022）
印　刷：北京一鑫印务有限责任公司
开　本：787mm×1092mm　1/16
印　张：8　　　字　数：72千字
标准书号：ISBN 978-7-206-07591-9
版　次：2011年4月第1版　　印　次：2021年8月第2次印刷
定　价：35.00元

如发现印装质量问题，影响阅读，请与出版社联系调换。

编者的话

"欲知大道，必先为史"。

回溯人类的足迹，人们首先看到的总是那些在其各自背景和时点上标志着社会高度和进步里程的伟大人物。他们是历史的丰碑，是后世之鉴。

黑格尔说："无疑，一个时代的杰出个人是特性，一般说来，就反映了这个时代的总的精神。"普希金说："跟随伟大人物的思想是一门引人入胜的科学。"

以史为鉴，面向未来。作为21世纪的继往开来者，我们觉得，在知史基础上具有宽广的知识结构、开阔的胸襟和敏锐的洞察力应是首要的素质要求，而在历史的大背景

◆ 历史的丰碑丛书

中追寻丰碑人物的思想、风范和足迹，应是知史的捷径。

考虑到现代人时间的宝贵，我们期盼以尽量精短的篇幅容纳尽量丰富的信息，展现尽量宏大的历史画卷和历史规律。为此，我们编撰了这套丛书。

编撰丛书的过程，也是纵览历代风云、伴随伟人心路、吸收历史营养的过程。沉心于书页，我们随处感受着各历史时期伟大人物所体现的推动历史进步的人类征服力量。我们随着伟人命运及事业的坎坷与辉煌而悲喜，为他们思想的深邃精湛、行为的大气脱俗而会意感慨、拍案叫绝。

然而，在思想开始远游和精神获得享受的同时，我们也随之感受到历史脚步的沉重

编者的话

和历史过程的曲折。社会每前进一步都是艰难的，都伴随着巨大的痛苦和付出。历史的伟大在于它最终走向进步，最终在血污中诞生了鲜活的"婴孩"。

历史有继承性和局限性，不能凭空创造。伟人也有血肉，他们的思想、行为因此注定了同样具有历史的局限性和阶级的、时代的烙印；他们的功业建立于千千万万广大人民群众伟大创造的基础上。历史是人民群众创造的，伟大的人物们是历史和时代造就的。同时，我们也无法否定此间他们个人的努力。这也正是我们编撰这套丛书的目的。

我们期盼着这套丛书得到社会的认同，对读者，特别是青少年读者之历史感、成就感和使命感的培养有所裨益。史海浩瀚，群

◆ **历史的丰碑丛书**

星璀璨。我们以对广大青少年读者负责的精神，精心遴选，以助力青少年成长进步，集结出版了《历史的丰碑》系列丛书，敬请读者批评、指正。

历史的丰碑丛书

编委会

策　划：胡维革　吴铁光
　　　　林　巍　冯子龙
主　编：胡维革　邢万生
副主编：贾淑文　谷艳秋
编　委：（按姓氏笔画为序）
　　　　于二辉　刘士琳
　　　　刘文辉　孙建军
　　　　李艳萍　吴兰萍
　　　　杨九屹　隋　军

毫无疑问，拿破仑·波拿巴是一位伟人。伟大的法国资产阶级大革命时代为拿破仑提供了创造伟大业绩的历史舞台。然而，正如英雄起伏跌宕、纷繁复杂的人生轨迹一样，后人对他的评价同样是众说纷纭。有人曾将拿破仑比作"暴君"，更有人称他为"科西嘉岛吃人的妖魔"；还有人称他为"世纪的巨人"，"法国革命的体现者"，而黑格尔甚至称他为："世界灵魂"。拿破仑·波拿巴和孕育了拿破仑·波拿巴的大革命时代，以其独有的魅力，吸引了一批又一批史学家的广泛兴趣。今天，我们站在新的角度，以更远的时间距离来重新踏寻英雄的足迹，或许，在前进的历史背后，我们能够获得更深的启迪。

目 录

荒野的狮子 ◎ 001

初显神威 ◎ 011

漫漫远征路 ◎ 021

从辉煌到神圣 ◎ 039

踏上不归路 ◎ 057

如日中天 ◎ 071

莫斯科乌云 ◎ 085

魂断天涯 ◎ 096

历史的丰碑丛书

法国大革命的利剑 拿破仑

荒野的狮子

> 我有一种预感，总有一天那个小岛会震惊全欧洲的。
>
> ——卢梭

1796年3月的一天，在法国东南角的边境小镇尼斯，一位年轻而身材瘦削矮小的统帅正面对着一大群衣衫不整，饥肠辘辘的士兵激昂地讲着什么："士兵们!你们没有衣穿，吃的也不好，政府欠下你们许多东西，可是它什么也不能发给你们。……我想带你们到世界上最富饶的国家里去。富饶的地区和繁华的大都市将受你们支配。你们在那儿将会得到尊敬、荣誉和财富。"这位正在为士兵们描绘美好前景的年轻统帅，就是将为法兰西带来无尚的荣耀，给欧洲带来不尽的恐惧的时代巨人——拿破仑。

拿破仑·波拿巴于1769年8月15日出生于法国东南地中海海域的小岛——科西嘉岛。科西嘉原属意大利，1768年春，法国人驱逐意大利在岛势力，将其并

←拿破仑的父亲夏尔·波拿巴

入法兰西。全岛面积为八千六百多平方千米,气候温暖湿润,物产丰富。由于岛上多山,所以社会发展十分缓慢,山里的土著人有的尚处于部族阶段。对于科西嘉,法国18世纪著名的启蒙思想家卢梭曾寄予了无

法国大革命的利剑 **拿破仑**

→拿破仑

限的期望。古朴的民风、优裕的自然条件与这位思想家理想中的自然共和国不谋而合。不仅如此，热心的卢梭还依自然法的准则为未来的科西嘉制订了一部宪法，并且预言："我有一种预感，总有一天那个小岛会震惊全欧洲的。"启蒙思想家的自然共和国，历史早已证明了是无法实现的，然而，数十年后，一位在这里呱呱落地的时代伟人却应验了卢梭的预言。

儿时的拿破仑随全家一起生活在科西嘉首府阿雅克修城。拿破仑的双亲都出身于贵族家庭。父亲夏尔·波拿巴是城里的一名律师，曾获法学博士学位。夏尔虽是一名文人，但却喜欢冒险，爱好玩乐，对于从祖上继承下来的土地不感兴趣，对政治却是格外地热心，并积极地投入由科西嘉民主党首领帕斯卡尔·

保利领导的独立运动。岛上的政治氛围和父亲的喜好，对拿破仑产生了深刻的影响。在他初涉人世的岁月里，忠于科西嘉的信念一直影响着他。

母亲莱蒂齐亚·拉莫利诺，是位头脑灵活，意志坚强的家庭主妇，尽管忙碌、繁重的家务与她的出身不太相称，但她必须这样做。因为家底菲薄，可丈夫却爱花钱。母亲对子女的要求是十分严格的，也正是这一点赢得了拿破仑深深的尊敬；"父亲倒好办，担心的只是母亲。"每次做了错事，只要母亲知道，总要免不了一顿惩罚。

← 枫丹白露宫

法国大革命的利剑　**拿破仑**

家境不十分富裕，并没有丝毫妨碍父亲试图认真培养子女的决心。为了孩子的前途，1778年底，费尽周折，夏尔亲自将长子约瑟夫和次子拿破仑送至法国的奥顿，进入当地的一所中学学习法语。第二年5月，凭着贵族的身份，拿破仑考入了法国东部的布里埃纳军事学校。这是一所专门面向贵族子弟开设的公费军官预备校。旧式的军校，制度非常严格，而所学课程却又枯燥而狭窄。烦闷的课堂并没有给他带来多少知识，更多的情况下，他是依靠自己不倦的广泛阅读来满足自己的求知欲的。拿破仑看书又快又多，对于数学，他尤为擅长。他的同班好友布里昂回忆说："我在拉丁文课上很快就超过了他，但数学课我从未能赶上他，据我看，他无可争议地是全校最擅长数学的人。"

入校伊始，寒酸的打扮和蹩脚的法语，使拿破仑受尽了同学们的嘲弄。常有一些人围在他的周围对他品头论足，指指点点。"人人都说我除了几何之外一

法国大革命的利剑　**拿破仑**

无所长，人人都不喜欢我，我干枯得像一张纸。"在一封家信中，拿破仑将自己的苦恼告诉了父亲，但他并没有因此而屈服，他决定要用自己的方式在同学间争得应有的位置。不久，他就用拳头、指甲和牙齿让折磨他的人尝到了科西嘉人的味道。患难之中见知己，受人冷落的拿破仑也有自己贴心的小伙伴。布里昂就是这一时期同他最要好的朋友，同拿破仑一样，他也很穷。后来曾多年担任拿破仑私人机要秘书的布里昂回忆说："他常对我说：'我一定要尽我的全力整治这些法国人。'当我多方劝解他时，他就说：'你可以不侮辱我，你是爱我的。'"

1784年10月，时年15岁的拿破仑，以优异的成绩

小拿破仑利用所学的军事知识，指挥伙伴们在雪仗中取得胜利。

政治家卷　007

毕业于布里埃纳军校，随即转入更高一级的专事培养军官的巴黎军校。该校在当时的法国，可算首屈一指。课程设置丰富多彩，包括数学，地理，历史，法文文法，德文，英文，防御工事，制图，击剑，跳舞等等。巴黎军校的教育为拿破仑奠定了厚实的专业基础。在校期间，拿破仑专攻炮兵学。初到巴黎的拿破仑，对巴黎军校贵族子弟的奢华风气十分反感，没过多久，这位新生就向校方呈交了陈述书，勇敢地指出骄奢的生活与战斗的疲劳极不相容，真正的军官应当承受艰苦生活的磨练。

在巴黎军校时期，拿破仑的才华已初露端倪，他生性好动，眼光敏锐，爱发表宏篇大论，这一切都令他的上司十分恼火。不到一年，拿破仑就被破格允许提前参加毕业考试。1785年10月，在顺利地通过考试并被痛快地扫地出门之后，拿破仑在法国南部瓦朗斯城的一个炮兵团中，获得了上尉军衔。就是在这里，就是在这个位置上，拿破仑开始踏上了风云激荡的军旅生涯。

关于自己的名字，拿破仑曾说："我生于阿雅克修，父母叫我为拿破仑。自数百年以来，我家皆称第二子为拿破仑。"拿破仑意即"荒野的狮子。"自1785年起，"荒野的狮子"小心翼翼地迈出了踏上辉煌的第

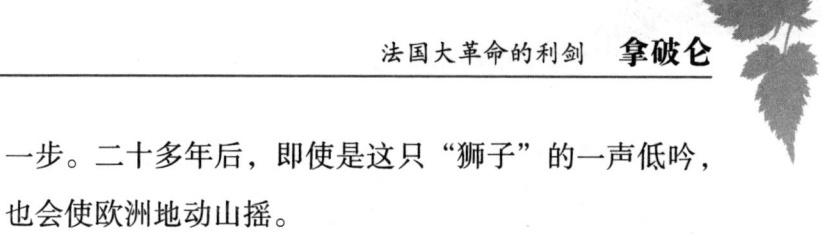

一步。二十多年后，即使是这只"狮子"的一声低吟，也会使欧洲地动山摇。

  1785年2月，拿破仑的父亲因胃癌病逝。由于哥哥约瑟夫的怯懦无能，拿破仑毅然挑起全家的重担。凭着强烈的责任感和上进精神，拿破仑以自己微薄的薪水令他体验了无限快慰和苦涩的贫困生活，这段受苦的日子，给拿破仑留下了许多终身难忘的记忆。为了保证母亲及家中另外5个弟妹的生活，拿破仑将薪水中的绝大部分都寄回了家里，而对于自己，他宁愿过节衣缩食的日子。由于炮兵团的任务很少，大量的空余时间拿破仑都是与书本相伴度过的。这段时期，他的涉猎范围很庞杂，军事史、数学、地理、旅行记、小说、诗歌等都在他的阅读范围之内，有资料证明，正是在这段时期，拿破仑接受了以卢梭为主的资产阶级启蒙思想。

  1786年9月，拿破仑获假回乡探亲。阔别8年之后，在故居，他又见到了家乡的亲人，特别是，他见到了在他离开之后新出生的3个弟妹波莱特、玛丽亚·仑加塔、热罗姆。到家后不久，拿破仑立即着手处理父亲的遗产和留下的事务。拿破仑的归来使家庭经济状况有了明显好转。一直到1788年6月，拿破仑才挥泪告别家人踏上归程。归队后，拿破仑随队开赴

←法国大革命，巴士底监狱被攻破

奥松城，继续埋头于不倦的阅读中，然而，安宁而清苦的日子没有维持多久，一场历史的飓风将这位苦读的青年上尉卷入了时代的旋涡。

1789年7月14日，一场摧枯拉朽的社会怒潮——法国大革命爆发了。

法国大革命是一场伟大的资产阶级革命，它影响巨大、斗争惨烈，震撼了整个欧洲，也影响了全世界。法国大革命的爆发，使在法国长期占统治地位的封建势力受到了沉重打击；自由、平等、博爱的资产阶级民主革命思想日渐深入人心。整个19世纪，即给予全人类的文明和文化的世纪，都是在法国革命的标志下度过的，它为全世界奠定了资产阶级民主、自由的基石。

初显神威

> 我出生之日，正是我们的祖国垂死之时。
>
> ——拿破仑

拿破仑尽管身处军营，但时代的呼唤也时刻在撞击着他年轻的心。然而，是做法国人还是科西嘉人对拿破仑来讲一直是个难题，尽管他身在法国大陆，但远方的科西嘉依然令他魂系梦牵。一心企盼科西嘉实现民主独立的拿破仑于1789年8月，一腔热血地返回科西嘉投身于摆脱法国封建统治的斗争。当拿破仑动身之际，大革命的浪潮也迅即波及了科西嘉，到拿破仑踏上海岸，科西嘉的政治风云已改变了方向，反抗封建专制的革命在这里演变成为摆脱法国，投身英国的分裂运动。多年在外，拿破仑已大大地打开了眼界，他坚决地站在法国的一边，强调拥护革命，拥护革命政权。

拿破仑的政治取向使他受到了以保利为首的保守

27岁的将军拿破仑

法国大革命的利剑　**拿破仑**

势力的迫害，万般无奈，为了全身而退，拿破仑被迫返回奥松部队。为了减轻家庭负担，弟弟路易随他一同生活。出师不利，使拿破仑受到很大打击，归队后，他将全部身心转向了求知和家庭，为了供弟弟读书，每餐只啃几块干硬的面包是常有的事。同以前一样，他花费时间最多的还是看书。

此后，拿破仑又分别于1791年和1792年两次返回科西嘉。最后一次，拿破仑费尽周折将全家从虎口中救出，举家迁往土伦，后又辗转迁至马赛。至此，他彻底断绝了与科西嘉的政治联系，他已心甘情愿地做一个法兰西人了。

→ 年轻军官时的拿破仑

政治家卷　013

革命的怒火至1793年愈烧愈烈。国内,革命政府与保皇党人的斗争,吉伦特党人指使的叛乱不断爆发;国外,各国武装干涉军纷纷涌来。电闪雷鸣般的政治舞台为拿破仑开辟了意想不到的通天之路。一颗耀眼的时代巨星,伴随着土伦城隆隆的炮声,扶摇直上。

1793年,法国南部重镇土伦的保皇党人,在击溃当地革命政权之后,拱手将城池交给了英国海军,一时间,南方各地叛乱分子云集土伦,气焰嚣张,对革命政府构成了严重的威胁。攻克土伦,势在必行。

在拿破仑加入前的一个多月里,攻守双方一直僵持不下。9月16日,经熟人介绍,拿破仑获得炮兵副指挥的职务,刚一上任,就提出了颇有见地的作战建议。由于初来乍到,更由于年轻,他的建议并没有受到上司的重视。尽管如此,拿破仑也没有气馁,他以极大的热情立即投入到紧张的战斗中。拿破仑非常重视这一来之不易的机会,他调动了自身的每一个细胞来力求让人们明白一个有作为的炮兵指挥的价值。首先,他迅速着手扩大他可怜的炮队火力。短短几天,他就将火力由原来的4门大炮,2门臼炮,既无弹药,又无维修工具的状况,扩展成为拥有14门加农炮,4门臼炮,拥有必要弹药补给的、具有相当规模的炮兵火力。在战斗中,拿破仑身先士卒,敢冲敢打,指挥灵活，因此很快就获得了士兵的爱戴和上司的赏识。12月16日夜间到17日，在这场决定性的总攻中，拿破仑带领他的炮兵，出奇制胜，单兵直插敌方阵地，以猛烈而有效的轰击，使英国舰队四处逃窜。突遭奇袭，土伦城内乱作一团，叛军纷纷溃逃，能带走的，尽量都带走了，带不走的就放火焚烧。"军火库的烟尘和火焰如同火山喷发，在碇泊处焚烧的13艘战舰活像燃放色彩绚丽的烟火。烈焰持续数小时之久，把各舰的桅杆和舰身映照得轮廓分明。"伴随着振奋人心的巨大胜利，拿破仑这个名字迅速传遍四方。

土伦战役，是拿破仑参与指挥并取得胜利的首次战役。这一战役使他为自己在法国历史上第一次嵌上了抹也抹不去的名字。

然而，事情的发展往往并不像人们所想象的那么如意，拿破仑虽暂时获得了一定的名气，但要真正踏入权力的阶层却要做出更大的努力。如果一定要把拿破仑的成功归功于什么的话，那么就应该好好地感谢历史，正是历史的惊涛骇浪将他从社会的底层再一次抛上了社会大潮的浪尖。

由于土伦战役中的突出表现，拿破仑被当时最高革命权力机关——国民公会救国委员会擢升为少将旅长。1794年7月27日，法国发生热月政变，法国资产

·政治家卷

法国大革命的利剑　**拿破仑**

阶级最激进的革命派别——雅各宾派的统治被推翻，其领导人罗伯斯比尔、圣鞠斯特等人都被推上断头台。受政变的牵连，拿破仑于8月9日也锒铛入狱，在关押了10天之后由于证据不足而获释。获释后，拿破仑四处碰壁，一时又陷入贫穷之中，在这段时期里，他心灰意冷，将所有的苦闷、彷徨、绝望都写进了小说《克里森和欧瑟尼》中。尽管只完成了草稿，但依然展现了他当时的绝望心情："永别了，我生命的仲裁者；永别了，我最美妙日子里的伙伴。……我耗尽了生命和生命的一切。在将来的年代，除了厌倦和烦恼，还有什么留给我的?……"

幸运的是，苦闷的日子并没有持续多久，命运女神再一次向他伸出了慷慨之手。1795年春，巴黎又一次陷入混乱，新上台的

← 路易十六被砍头

热月政权不稳。政变后,巴黎社会矛盾不断加剧,尤其是社会的下层民众,生活极端困苦,社会贫富差距迅速拉大,赤贫与暴富并生,困顿与奢靡同行。1795年4月,巴黎的工人首先起身投入斗争,举行了声势浩大的游行示威。然而,热月政府迅速镇压了工人的和平示威,白色恐怖猖獗一时。恰在此时,一直觊觎政权的保王党人也被热月政府的镇压政策鼓舞起来,他们四处传播"巴黎的强盗开始自相残杀了"的喜讯,纠集余党,谋划武装暴动夺取政权。时局对热月政府越来越不利,为了保卫政权,10月13日,热月政府任命巴拉斯为内防军总司令,负责维持巴黎局势。然而,身为

法国大革命的利剑 **拿破仑**

文官的巴拉斯对指挥军队一窍不通,在这紧急时刻,他想到了在土伦初建神功,而此时正在巴黎四处游荡的科西嘉少将。当天,拿破仑被任命为副司令,负责全权指挥巴黎的防务。

当时在巴黎城中,叛乱分子的武装有三四万人,而忠于国民公会的武装只有五千多人。刚一上任,拿破仑立即着手重新部署防务,他首先想到的还是他制胜的法宝——大炮。在短短的半天时间里,他迅速集中了几乎全城的每一门大炮,将它们安置在各个致命的要点上。4时3刻,排列成行的叛军列队从城市的各个角落纷纷涌来。很快,从杜伊勒里宫的广场那里便传来了大炮的声声怒吼。在炮火硝烟中,叛军充分享受到了大炮的款待,而实际上,全城的战斗也只不过才进行了一个多小时。在留下几百具尸体之后,叛军纷纷四散奔逃。第二天,城内的叛军全部投降。拿破仑的大炮再一次捍卫了革命的果实。

新的胜利又为拿破仑带来了新的荣誉和威信。不管人们是否喜欢,"拿破仑"这个名字不容置疑地迅速传遍了巴黎的每一个角落。拿破仑再一次名震巴黎。很快,拿破仑被任命为内防军和巴黎卫戍部队总司令。新的职位令这位将军志得意满。不久,一件意外的巧事又让拿破仑喜上心头。

← 约瑟芬

　　在担任巴黎司令官时，据说曾有一名十一二岁的男孩来见他，请求发还他父亲——共和国将军博阿尔内的佩剑，博阿尔内1794年曾被控"叛国罪"并遭杀害。拿破仑答应了他的要求。男孩接过父亲的佩剑，含泪亲吻了它，在那一刻，拿破仑被深深地打动了。第二天，当孩子的母亲约瑟芬·德·博阿尔内夫人亲自登门致谢时，两人竟一见钟情。很快，年仅27岁的司令便迎娶了34岁的新娘。

法国大革命的利剑　**拿破仑**

漫漫远征路

士兵们！你们像洪水一样从亚平宁的草原上猛冲下来，你们战胜并消灭了一切阻挡你们前进的敌人。

让驴子和学者走在中间！

——拿破仑

拿破仑早就热切地期待着能有一个独立指挥某一方面军作战的机会，以便实现他建立伟业，挥戈万里的梦想。1796年3月2日，他终于获得企盼已久的意大利军团总司令的职位。在已有的荣誉面前，拿破仑决不可能停步不前，他将目光投向了会给他以荣誉与光荣的远方意大利战场。

由于法国大革命的胜利，自由的法兰西共和国受到了欧洲各封建王朝的仇视，甚至于连隔海相望的大不列颠王国，在自己走上了资本主义发展道路之后，也全身心地投入到反法势力的营垒中，并且一直扮演着反法急先锋的角色。在英国的一手组织下，第一次

←法国大革命

反法同盟宣告成立，其目的一方面是所谓拯救欧洲文明，即破坏法国的革命事业，重建贵族的统治，这就是所谓理想主义的十字军战争，实际是一场阶级战争；另一方面是要重建国际法和恢复欧洲均势，这就意味着要法国遵守国际法规定，放弃宣传，归还从别国夺取的土地。一言以蔽之，它就是想扼杀法国大革命于摇篮，让法国人民重新回到封建统治的水深火热之中，并借此来扑灭大革命传播的火焰，维持整个欧陆的贵族统治。

受英国的指使，奥地利在自己控制的意大利，积极推行反法政策，屯兵法意边境，时刻准备由南部侵入法国本土。意大利战场也是反法营垒中较为薄弱的一环，正因为此，拿破仑将意大利选为击溃第一次反法联盟的首战场。

法国大革命的利剑 **拿破仑**

→尼斯

27日，拿破仑抵达法意边界重镇尼斯。在尼斯镇，等待这位年轻将军的又将是什么呢？

首先，他所谓的下属们对这位即将到来的年轻统率满腹狐疑，有人把拿破仑当作阴谋家，更有甚者，认为这个红极一时的矮个子（1.68米）是个低能儿。然而，总司令毕竟是总司令，全体下属都在谨慎小心地观察着总司令的一举一动。

拿破仑很快就明白了自己的处境。他获知全军人数约五万，由于管理不严和贪污腐化之风盛行，这支军队早已破败不堪，士兵缺吃少穿、纪律涣散，装备奇缺，……拿破仑一上任，便立即重申严明的纪律，强调人人平等，不允许体罚和打骂士兵。第二天，拿破仑检阅部队，面对沮丧的士兵，他发表了开篇叙述

的著名的演说："士兵们，你们没有衣穿，吃的也不好……。"真挚的同情和激昂的热情唤起了一颗颗失落的心，拿破仑以他的赤诚，很快便在士兵的心目中树立起统帅的地位。

第一次军事行动，就充分体现了拿破仑的胆略和才华。拿破仑一扫旧式战争的陈规陋习，决定将处于消极防守状态中的法军立即转守为攻，越过白雪皑皑的阿尔卑斯山脉，奇袭敌军。为了争取时间，减少阻力，他决定在阿尔卑斯山和亚平宁山交界的山凹地区强行挺进意大利——而这所要冒的危险将是"全军覆没"。4月9日，拿破仑亲率大军强行翻跃阿尔卑斯山，在英国沿海舰队的炮轰中胜利地完成了在阿尔卑斯山

意大利战役中：拿破仑身先士卒，把胜利的旗帜插在敌方桥头。

法国大革命的利剑　**拿破仑**

南侧的集结。12日拂晓，在蒙特诺特，法军重创奥军，敌军死伤3 000人。蒙特诺特战役是拿破仑远征意大利的首次战役，这次战役的胜利充分显示了拿破仑的天才指挥能力。

拿破仑成功的一个关键点,就在于他总能够在已有的胜利基础上,迅速投入下一个夺胜的目标,从不给敌人以任何喘息的机会。13日至15日,在迭戈战役中拿破仑再创佳绩。半个月内,法军猛追猛打,势如破竹,在取得了六战六捷的关键性胜利之后,终于迫使撒丁王国签订了城下之盟,割地求和。面对欢呼的士兵,拿破仑自豪地向他们宣布:"士兵们,你们在15天内赢得了6次胜利,缴获了21面旗子和55门大炮,攻下了几座要塞,征服了皮埃蒙特的最富饶的地方,你们捉住了15 000名俘虏,你们杀伤了一万多敌人。"

短暂的驻足之后,法军继续向南挺进。1796年5月7日,法军强渡波河,8日,佛姆比奥之战,10日,洛迪战役。两战下来俘敌4 500人。接连的胜利大大鼓舞了全军的士气,但也同时膨胀了英雄的心:"葡月事件,甚至蒙特诺特战役都没有使我把自己看作是非凡的人物。只是在洛迪战役后,我起了一个念头:在我们的政治舞台上我大概可能成为一个起决定作用的人物。"——拿破仑后来回忆说。

7月,拿破仑开始围攻欧洲最坚固的要塞之一曼图亚,并于8月份再次击溃维尔姆泽元帅率领的近7万解围军队。从6月29日到8月12日,法军连战连胜,俘敌一万五千多名,敌人死伤二万五千多人;法军仅

法国大革命的利剑　**拿破仑**

→ 视察埃劳战场

仅损失7 000人。至9月18日，维尔姆泽仅剩16 000人死守曼图亚要塞，苟延残喘。

很快，奥地利王宫又匆忙从莱茵战线调集六万人，交给年过六旬，缺乏战略头脑的老将阿尔文齐元帅，由他指挥，驰援维尔姆泽。意大利战场上，法军再一次面对敌众我寡的局面。拿破仑采用迂回战术，痛击阿尔文齐，获得阿尔科之战的全胜。1797年1月14日，在里沃利战役中，拿破仑与阿尔文齐再次遭遇，双方发动了一场最为惨烈的拉锯战。"他在这艰难的一天中有3匹坐骑中弹死去……"，侥幸得很，拿破仑本人却安然无恙。连日的征战使全体士兵疲惫已极，为了鼓舞士气，拿破仑多次出现在最紧要的关头。入夜，在篝火的映照下，士兵们纷纷睡去，拿破仑却仍然忙于

政治家卷　027

巡查各处岗哨。

"他在一处岗哨查到一名掷弹兵斜倚树根睡着了。他不去喊醒他,却接过那枝枪替他就地站岗约半个小时。"当哨兵从梦中惊醒,跪倒于他的面前时,拿破仑却说:"朋友,这是你的枪……你打瞌睡是可以谅解的;但是目前,一时的疏忽就可能断送全军。我正好不困,就替你站了一会儿。下次可要小心。"可以想见,在这样的统帅面前,有哪个士兵不会为他出生入死呢?像这样的逸事在拿破仑的军中流传很多。无论从哪方面讲,拿破仑确实是个优秀的统帅。

翌日,拿破仑再次获得了战役的胜利。俘敌7 000人,缴获大炮12门。2月2日,维尔姆泽率曼图亚守军12 000人缴械投降。除无数军需外,还有五百多门黄

法国大革命的利剑　**拿破仑**

铜大炮落入战胜者手中。至此，北意大利完全处于法军控制之下。

1797年10月17日，法奥双方签订了坎波—福米奥条约，奥皇承认莱茵河、阿尔卑斯山脉、地中海、比利牛斯山脉和大西洋为法兰西共和国的天然疆界。他同意按法国的意愿在意大利北部建立两个附属共和国西沙尔平和利古里亚。并同意法国关于建立南阿尔卑斯共和国的所有设想。

拿破仑此次远征意大利，获得了前所未有的辉煌胜利。全部远征共计进行了14次对阵战和70次搏斗，俘敌十万多人，缴获500门野战炮，2 000个大口径炮筒，4套架桥装备。除满足了军队的必要开销外，还为国库增添了3亿法郎的现款。以及"经历了30个世纪

→利古里亚

才能产生出来的三百多件古代和现代的艺术品"。意大利远征不仅打破了旧的封建"诸侯"的格局，而且还按法兰西的意志建立了众多的附庸共和国。拿破仑甚至曾扬言："要建立统一的意大利国家，我需要20年时间。"而他首先要做的，就是使这些国家的政治制度在新的共和制的原则下尽可能一致。

12月，在响彻云霄的欢呼声中，拿破仑凯旋巴黎。

拿破仑的非凡战绩给处于动荡、颓唐中的人们带来了信心和希望。一时间，拿破仑成为战胜奥地利并给欧洲大陆带来和平的英雄。拿破仑·波拿巴这个名字，振奋着每个人的心。

接连不断的胜利使拿破仑踌躇满志，他已不再满足于仅仅是一名能征善战的将军所能获得的荣誉和权利了。当然，同时他也深深懂得，"梨子尚未成熟"。很快，耀人眼目的拿破仑就与平庸无能的督政官们形成了鲜明的对照，基于此，拿破仑与督政官的关系日渐微妙。对于蹲在自己身边虎视眈眈的"狮子"，督政官们坐立不安。为了平息督政官们忐忑不安的心，拿破仑开始过上了深居简出的宛如退隐般的闲居生活。而私下里，他却正在忙于更宏大、更冒险的远征计划——北非茫茫沙漠中依稀隐现的金字塔映入了他的眼帘。

法国大革命的利剑　**拿破仑**

→ 为拿破仑凯旋而建的凯旋门

"如果我在这里无所事事地呆上些日子，那我就算完了。在这个花花世界的大都会里，一切都是过眼烟云。我的荣誉已经消逝了，这个小小的欧洲是不能给我提供足够的荣誉的，我必须到东方去寻求，所有不朽的盛名都是来自东方的。……我将出征埃及。"在东方，他将摘取亚历山大大帝的盛名。

当时的欧洲，与法国最具有竞争力的就是海上强

国——英国。英法之间政治、经济、殖民地之争由来已久。可以说，欧洲大陆任何一个与法国对抗的国家几乎都受到了英国的支持。督政府也期望这位"以法国的名义洗刷了18个世纪以前凯撒给法国带来的耻辱"的将军继续征伐英国。总之一句话，要让这位"荒野的狮子"去面对"猎人"的枪口。很快，拿破仑受命出任对英作战总司令。在这决定自己，乃至欧洲命运的关头，拿破仑再一次展示了一位杰出的军事家、战略家、政治家的雄才大略。他一方面大肆渲染在英吉利海峡渡海进军大不列颠的作战企图；一方面在南方地中海海岸热火朝天地准备运航非洲的庞大舰队。1798年3月5日，拿破仑就任埃及远征军总司令。5月19日，拿破仑带领远征队由法国南部海港土伦悄然出海。

远征舰队由三百多只各类船舰组成，包括130艘运输船，13艘主力舰和其他一百多只辅助船只，载兵达三万二千多人。一路上浩浩荡荡开向地中海。6月10日，舰队在经过马耳他岛时，顺便占领了这个由圣约翰骑士团占据的岛屿。7月1日，舰队到达埃及重镇——亚历山大港，到港后，部队迅速登陆。

由土伦至亚历山大，在海上这些日子里所发生的一切，似乎都在证明一句话的正确性："这次远征的成

果是巨大的，而领导远征的人的幸运和才能同样是巨大的。"从一出发，英、法两国的海上舰队就开始了捉迷藏的游戏。首先，在土伦，拿破仑分三路纵队前进，巧妙地绕过了强大的英国舰队的封锁；占领马耳他之后，英国舰队已风闻法军的去向。在土伦扑空的英军迅速急驶亚历山大港，可是他们追得太快了，他们在拿破仑之前48小时抵达亚历山大港，由于没有探听到法军的任何消息，他们又立刻掉头四处搜寻……。

登陆后，拿破仑不费吹灰之力便拿下了亚历山大港，然后迅速挥师开罗。7月25日在金字塔附近，拿破仑对他的士兵高呼："士兵们！四千年的历史今天从这些金字塔的上面看着你们。"随即，带领部队向蜂拥而来的马木留克军团掩杀过去。取得胜利并没有任何问题，但面对一个个半野蛮的马木留克骑兵，战斗却进行得异常惨烈。成排成排的骑兵被法军的准确射击掀下马来。激怒了的马木留克兵即使倒在地上，也要使尽最后一口气将战剑刺向敌人。大批的马木留克兵被驱赶下尼罗河中，死伤无数。由于马木留克兵有随身携带所有财物的习俗，战斗结束后，从敌人的死尸上，每个士兵都发了一笔财。

然而，正当法军庆贺胜利的时候，8月1日，厄运从天而降。以纳尔逊为首的英国舰队在无比愤怒的时

←第一执政时期的拿破仑

候，终于惊喜地寻找到了停泊在尼罗河阿布基尔水域的，未加任何防范的法国舰队。在如潮水般倾泻而下的英军炮火下，除了两艘主力舰和两艘巡洋舰外，法军舰队全部被歼。征服埃及的拿破仑成了英国人罗网中的困兽。与国内的联系全部中断，法军回不去了。

为了在埃及能够长久地坚持下去，拿破仑再次充分施展了自己的政治、军事以及组织才能。在这茫茫的沙海里，法军不断受到马木留克和埃及反抗势力的袭击。在这种情况下，拿破仑灵活地采取了各项政治、军事、社会政策。为了保持与当地居民的和平相处，拿破仑尊重当地人伊斯兰教信仰。"我在埃及是伊斯兰教徒。"拿破仑曾公开这样说。不仅如此，拿破仑还充分利用当地的政教组织，通过埃及人来治理埃及。同时他还严明军纪，密切与当地人的交往。积极指派随

→ 拿破仑在埃及

←拿破仑在金字塔前

军而来的大批科研人员传播科学知识，发展各项生产。这样，在全无欧洲后援的情况下，终于稳定了埃及的局面。

在这期间，拿破仑曾率军深入叙利亚迎击土耳其军队。在行军途中，沙漠的炎热和干燥与不断出现的不知名的小股骚扰部队一同折磨着他们。为了减轻负担，拿破仑身先士卒，徒步前进。有一次，对着匆忙跑来的传令官，拿破仑下令道："让驴子和学者走在中间！"简短的口令将"驴子"与"学者"偶然地联在了一起，但这却充分体现了拿破仑对学者的重视。正是这些随军学者，第一次为人类揭开了埃及这一文明古国的面纱。

1799年7月，拿破仑从一些偶然得到的英文报纸上获悉：第二次反法联盟已经组成，意大利已经丢失，法国国内局势动荡，盗匪肆虐，边境局势危急。拿破仑又气又急，大呼："一群笨蛋！意大利丢了！我的一切胜利果实都丢了！我要回去！""梨子"应该摘下来了。8月22日夜，拿破仑从亚历山大港出海，经过45天的航行，在四处游弋的英舰鼻子底下，安然返回法国。10月9日，拿破仑在南海岸弗雷居斯海峡附近的港口登陆。

布里昂在描述当时的情形时说："当人们得知拿破仑就在进港的船只上时，他们蜂拥而来，我们是被当作英雄抬上岸的。平静的小镇沸腾了。拿破仑的归来使整个法国都把他看成了从天而降的'救星'。在开赴巴黎的路上，沿途各镇张灯结彩，士兵们更是欣喜若狂。13日，当督政府向议会通告拿破仑将军载誉归来的消息时，议员们全体起立，掌声经久不息，兴奋的他们立即走上街头，向每一个遇到的人热情地传播这个好消息。"

16日，拿破仑抵达巴黎。在这位时代的宠儿面前，督政们显得愈加渺小。现在，全国上下到处都传诵着拿破仑，人们称赞他，人们崇拜他；他已不再仅仅是一个人，他已日渐成为人们心目中的神，一位"万能之神"。富人企求太平、贫民企求面包，农民企

求土地……，所有这一切，人们深信"万能之神"一定能够赐与。"政变"，已成为公开谈论的事情了。

让无能者滚开！

11月9日(共和历雾月18日)，拿破仑没有放一枪，也没有杀害或逮捕任何一个人，就顺利地完成了著名的"雾月18日政变"。督政府垮台了。立法机构500人院随即被解散；元老院完全倒向了拿破仑一边。10日晚，元老院通过指令，把共和国的全权转交给由拿破仑、西哀耶斯和罗歇·杜科组成的三执政。拿破仑任第一执政，掌握全权。西哀耶斯和罗歇·杜科只有发言权。拿破仑握到了"梨子"，但却没有将它摘下来。

巴黎爱丽舍宫

法国大革命的利剑　**拿破仑**

从辉煌到神圣

> 拿破仑摆布世界,就像洪默尔摆布钢琴一样。
>
> ——歌德

30岁的拿破仑登上了法国权力的巅峰,将一个异常强大的欧洲新兴共和国掌握在自己的手里。拿破仑虽暂时地获得了国家的大权,但他也同时面对着严峻的内政外交问题。国内,盗贼蜂起,百业凋零,财政混乱,政局动荡;国外,欧洲封建反动营垒蠢蠢欲动,时刻危及边境安全,边境和海岸线受到封锁,对外贸易岌岌可危。这一团糟的局面,确实令拿破仑颇费心机。不久,拿破仑以自己干练的举止,精明的策略充分显示了一位时代伟人的本色。

在政治上,拿破仑秉承意大利著名的政治学家马基雅维里在《君主论》中提到的原则,深刻地概括自己的执政宗旨:"我有时是狐狸,有时是狮子,进行统治的全部秘密就在于,要知道什么时候是前者,什么

时候是后者。"上台伊始，拿破仑就施展自己的全部才华奏起了法兰西执政府的乐章。

执政之初，安邦治国被拿破仑放在了首位。首先要建立合法的专制制度，扩大个人权力。1799年12月25日，经全民投票通过新宪法，规定领导共和国的是三执政，第一执政拥有全权，其余两位只有发言权，议会由执政任命。随后，颁布命令，严格监控报纸发行。下令封闭所有73种报纸中的60种，其余的在警务大臣的严密监督下发行。

稳定社会治安，消灭日益严重的、遍布南部和北部的匪患。盗匪问题，在当时已成为一种严重困扰社会的恶势力。他们拦截、抢劫过往旅客，袭击乡村，火刑逼供……。对匪帮，拿破仑毫不留情，坚决予以镇压，对盗匪的判决只有一个——"处死"。

对于王党分子的叛乱，拿破仑却采取政治的手腕，恩威并施，极力拉拢。为此，拿破仑甚至不惜冒生命危险，亲自会见狂热的、高大健壮的旺代王党叛乱首领卡杜达尔。在这种政策的感召下，叛乱势力迅速衰弱下去。

拿破仑十分重视加强中央政府的权力。建立了以他为主席的国务会议，设立了12个中央部，领导和管理全国各方面的工作；建立了近卫军，加强了侦察机关，设立了直接向拿破仑负责的巴黎警察总署；取消地方自治制度，将全国划分为88省，省长由中央任命，向中央负责。

在中央和地方行政机构设立之后，拿破仑政府十

→拿破仑首次为大臣颁发荣誉勋位

分重视各级行政机构人员的配备。

　　将热月党的职业政客、投机家、国库盗窃者、贪污受贿者、那些以喋喋不休的漂亮词藻来掩饰卑劣勾当的人，尽量排斥于政府机构之外，同时，提拔和使用在革命后的历届政府中表现出有行政才能的官员。使革命中涌现出的大批人才受到了重用。

←拿破仑像

　　拿破仑十分注重改进行政机构和人员以往拖沓、迟缓、慢条斯理的官僚作风，强调提高工作效率。并建立一整套监督机制，惩治贪污，严禁腐化之风盛行。在财政问题上，他表现出了出色的管理能力，整顿和加强财政机构，改革税收制度，加强间接税的征收，紧缩开支。经过这一番整顿和改革，国库收入大为增加。

法国大革命的利剑　**拿破仑**

→ 拿破仑在乌格拉姆战场

对外扩张必须要有强大的国力，拿破仑积极推行发展资本主义的政策。鼓励建立新企业，补贴工业，更新设备，采用新技术。1800年建立法兰西银行，发展全国性金融事业。建设全国性的交通工程，1800年投资修建从巴黎通往马赛等地的公路，开拓圣康坦，乌尔克运河。

在农业方面，积极推广新技术，新品种。大部分地区实行了轮耕制，亚麻、甜菜等的播种面积大量增加。农业的发展为工业的迅速增长奠定了稳固的基础。

然而，对法兰西共和国恨之入骨的欧洲各封建王朝，是决不会安心于法国的安宁的。同样，为了膨胀的雄心，拿破仑也决不让敌国安宁，为了荣誉和权力

他又在寻求新的胜利。

　　5月,拿破仑重整戎装再次率军挥师意大利。再次面对巍然耸立的阿尔卑斯山。与上次不同,他选择了最难翻越的大圣伯尔纳德峡谷作为突破口。大圣伯尔纳德峡谷位于瑞意交界处,山顶终年积雪,险峻异常。队伍排成一列长长的纵队,逶迤在群山峻岭间。"任何一声枪响,都可以导致能够把人葬身万丈深渊的雪崩。"从14日至23日,法军主力陆续通过大圣伯尔纳德峡谷,稍事休整后直扑米兰。驻意奥军首领梅拉斯,是一位典型的封建将军。梅拉斯同其他也曾被拿破仑击败过的旧式将军一样深切地感受到:他打仗全然不按规则办事。而拿破仑克敌制胜的原因,也恰恰就在于他能够依据现实情况机动灵活地采取战略战术,东奔西突,以奇制胜。还在梅拉斯率大军包围热那亚企图诱敌上钩之时,拿破仑却置热那亚的危急于不顾,大块大块战领北意大利的丰疆沃土,趁势收复了米兰、帕维亚、克雷莫纳、皮阿琴察等许多城市和乡村,使梅拉斯在热那亚的胜利变得毫无价值。恼怒的梅拉斯驱动全军仓皇向北迎击法军,1800年6月14日,两军相遇在马伦哥。

　　清晨,战幕在亚历山大城和托尔托纳之间离马伦哥不远的大平原上拉开。法军2万,大炮15门;奥军3

法国大革命的利剑 **拿破仑**

万,大炮约100门。交战之初,法军陷于劣势。下午3时,奥军已胜利在握。欣喜若狂的梅拉斯派信使飞驰维也纳通报战役获胜的消息。4时,法军统帅德塞将军率援军赶到。法军立刻反击。而这时"胜利在握"的奥军已三五成群地离开去吃饭。在法军骑兵的迅捷冲击下,奥军一败涂地。维也纳尚未送走前面的信使,便收到了失败的噩耗,朝野上下一片凄惶。

→ 拿破仑像

←拿破仑在西班牙的马德里接受投降

马伦哥的胜利，使拿破仑再次入主意大利。由于这次战役的失败，反法联盟这一年多的苦心经营再次付之东流。拿破仑又一次用胜利巩固了资产阶级革命的果实和自己的权力基石。

军事上的一再胜利，使法国的军事爱国主义发展到了登峰造极的程度。拿破仑已成为法兰西民族的战神。他日渐神圣，以至于任何对他的不恭，都被看作是令人难以容忍的亵渎。任何一点不屑和冷淡都会招来愤怒的谩骂和被当成保皇党的怀疑。"那里住的是贵族?为什么这所房屋没有张灯结彩?"这样的房子，通常都会被愤怒的石块打碎玻璃。

军事上的胜利获得之后，拿破仑又开始奏起了政

法国大革命的利剑 **拿破仑**

← 结盟的第一次会见

治上纵横捭阖的乐章。

　　为了获得更多的时机休养生息，拿破仑见好便收。驰骋万里的将军，转身便成了一位杰出的外交家。脱下戎装，他开始细细地研究欧洲的政治格局了。

　　首先，为了改变法国在外交上孤立无援的形势，拿破仑急于寻找一个合作的伙伴，他将友谊之手悄悄地伸向了俄国。与不久以前拒绝交换7 000名在荷兰被俘的俄军的英国相反，拿破仑下令将自己手中的被俘俄军全部武装起来，并为他们赶制了新军服，不久这支6 000名服装整洁，装备齐全的战俘营队安全返回俄国。具有豪爽性格的俄国沙皇保罗一世"大为感动"，封建帝王与法兰西共和国执政迅速建立起亲密的关系。

政治家卷　047

正当俄法两国关系唱着凯歌前进的时候，1801年3月11日，突然传来保罗一世于当天在米海洛夫宫遇刺身亡的消息。拿破仑闻讯，暴跳如雷。"英国人雪月3日（圣·尼凯斯大街定时炸弹爆炸的那一天）在巴黎对我的暗算落空了，但他们在彼得堡对我的暗算却没有落空。"在此之前，拿破仑曾雄心勃勃地向保罗的个人代表声言："您的君主和我，我们有责任改变地球的面貌。"由于保罗的遇刺，拿破仑与沙皇共享欧洲霸权的计划全部落空。

拿破仑迅速着手调整战略。他一改过去对英国人的讥讽、寻衅的作法。早在1801年初，在俄国的支持下，法国就通过威逼利诱的手段强迫腹背受敌的奥地利于2月9日在奥法和约上签了字。拿破仑凭着巨大的胃口，在奥地利人那里获得了企盼的一切。奥地利忍气吞声，被迫满足于暂时的和平。现在惟一的障碍就是英国这个死对头了。法奥吕内维耳和约签订后，拿破仑迅速着手与英谈判。

而英国政坛，由于对法政策的接连失利，主战派在怨声四起的气氛下被迫下台。首相威廉·皮特提前退休，主和派艾丁顿继任首相。

1802年3月26日，英法签订亚眠和约。英国把在9年战争中所占领的所有法国殖民地归还法国及其附属

法国大革命的利剑 **拿破仑**

← 《拿破仑法典》的封面

国；马耳他岛归还给马耳他骑士团；法国退出那不勒斯、罗马和厄尔巴岛。《亚眠和约》是在英国作出了巨大让步的条件下签订的，对于双方来讲，这只是个暂时的休战和约，因为签约双方都不满意。

和平是暂时的，这谁都知道。拿破仑更加懂得和平来之不易，条约签订后，立即投入了进一步建立新型国家管理制度和法律体系的工作。

1804年，历时近五年的民法编撰工作基本结束，3月，经拿破仑签署，法典正式生效，名为《拿破仑法典》（《法国民法典》）。《拿破仑法典》再次重申1789年宪法的基本准则：个人自由；法律面前人人平等，国家世俗化；信仰自由和择业自由。但同时，它也强

政治家卷 049

调了"平等只是法律上所保证的同样的公民权利,而不是公民生活的同样的社会条件。"一句话,平等决不包括社会平等的内容。同时他也消灭了政治自由,舆论自由。

重申社会权利的不平等。法典使妇女在男子面前处于无权的地位;再次强调长子继承权;废除"非婚生子"和"婚生子"的平等权;恢复死刑;坚决维护私有权。法典颁布后的几年中,又加入了一些严厉惩办工人阶级反抗的法令。设立"工人手册制度"。此外,一些商业的专门法典也加入其中,保证资本主义社会经济体系的正常运行。总之,这是一部带有历史进步性和历史局限性的资产阶级宪法。

我们应该承认,对于当时的社会状况来说,这已经是难能可贵了。恩格斯曾在《德国状况》中提到过这部法典。恩格斯说:"他把他的法典带到被征服的国家里,这个法典比历来的法典都优越得多,它在原则上承认平等。"(《马克思恩格斯全集》第二卷,第636页)

追求皇权,摘取熟透的"梨子",一直是拿破仑梦寐以求的夙愿。就任第一执政后,拿破仑通过一切可能的手段和措施来为自己铺设帝王之路。

拿破仑执掌政权后,一面要应付雅各宾派的攻击,

一面还要应付保皇党人随时准备复辟的企图。二者相权取其轻,拿破仑最担心的还是雅各宾派,因为他们提倡共和,反对王权,这实在是拿破仑成为人间上帝的障碍。1800年,利用10月的歌剧院事件和12月的圣·尼凯斯大街事件这两次针对自己的刺杀行为,拿破仑大肆迫害雅各宾党人,而对保皇党人,则采取怀柔手段,一方面坚决镇压支持波旁王朝复辟的保皇党人,一方面极力拉拢拥护未来的"新王朝"的保皇党人。在1800年至1802年间,拿破仑大赦政治流亡者,允许这些封建制度的拥护者在宣誓效忠新政府的条件下回国。不仅如此,他甚至还归还了一部分流亡者被没收,但尚未被拍卖的土地。

恢复专制制度。拿破仑知道,必须获得"黑衣警察"——天主教僧侣的支持。拿破仑向天主教势力迅速靠拢。就自身而言,拿破仑从不相信什么上帝,但他却深信宗教对于维护专制的妙用。拿破仑公开承认天主教是"大多数法国人的宗教",尊重人们的信仰自由,释放和招回天主教僧侣。对于拿破仑的恩典,天主教会也立刻加以回报,"谁要反对拿破仑皇帝,谁就是反对上帝自己建立的制度……他的灵魂就要永远毁灭,堕入地狱。"等这样的条文在拿破仑登基后都被正式地写入了天主教的教义中。

←歌颂拿破仑制定《民法典》

　　拿破仑重视知识和知识分子，他建立了国民教育制度的基础，设立了各级教育机构，以培养各方面的实用人才。对科学活动，拿破仑推行实用主义。对于与他的君主政体主张完全相悖的启蒙哲学，拿破仑坚决取缔。

　　身在高位的拿破仑时刻都没有忘记为他出生入死，浴血奋战的士兵们。为了表彰士兵们的英勇献身精神，拿破仑设置了荣誉军团勋章制度，以鼓舞和团结英勇的士兵。

　　短暂的和平使拿破仑没有太多的时间来施展自己的治世才能。1803年3月，英法和平谈判宣告破裂，

不可调和的利益又一次驱动了欧洲的隆隆战车。

这次开战,远没有过去的轰轰烈烈,英国直接出兵法国是不现实的,而拿破仑却扬言,只要"三个雾天"就可以使法军绕过英国舰队,横渡英吉利海峡,登陆英国本土。渡海作战,登陆英吉利已成为众所周知的"秘密"作战计划。在法国的一切港口,一切造船厂都展开了热火朝天的渡海准备工作。英国在这位善于奇想,大胆机智的对手面前,真是胆颤心惊。必须以最快,最有效的措施制止他。在战争不能奏效的情况下,一个"偷取拿破仑"的计划在伦敦酝酿成熟。

8月,受英国政府指使,逃亡在伦敦的旺代叛乱魁首乔治·卡杜达尔偷潜回国,秘密组织行动。他们的原则是:利用一切机会,刺杀第一执政。1804年2月,卡杜达尔及他所联系的两位保皇派将军皮什格鲁和莫罗相继被捕,刺杀计划完全落空。

英国的暗杀政策非但没有伤害到拿破仑,反而为急不可耐的拿破仑提供了摘取"梨子"的口实。一时间,在拿破仑的默许和暗中指使下,鼓吹拿破仑荣登帝位的宣传甚嚣尘上。立法院和议会开始公开宣称:全国人民的安宁与幸福不能只取决于一个人的生死,必须建立波拿巴家族的世袭君主制,以保障拿破仑的事业千秋永固。拿破仑荣登大宝已成为"全民的心

愿"。

1804年4月18日，法国议会通过一项决定，授与第一执政波拿巴·拿破仑以法国世袭皇帝的称号。

1804年12月2日，在夹道欢迎的人们的响彻云霄的欢呼声中，拿破仑临驾巴黎圣母院。大教堂里里外外挤满了华光异彩的权贵们，大厅里更是装饰得金碧辉煌。当被强邀而来的罗马教皇庇护七世颤巍巍地将皇冠捧起准备为皇帝加冕时，谁料，立于台阶下面的拿破仑却伸手夺过皇冠，毫不犹豫地戴在了自己的头上。在全场惊愕的目光下，拿破仑转身将一顶略小的皇冠戴在了皇后——约瑟芬的头上。拿破仑这些惊人

← 拿破仑加冕全图

法国大革命的利剑　**拿破仑**

的举止只是为了向世人显示：教皇的"祝福"并不在这个仪式上起决定作用。拿破仑的皇冠是靠自己的双手夺取的。

在这一时刻，拿破仑终于实现了长久郁积于心的夙愿，登上了皇帝的宝座。欧洲的政治舞台上又增添了一个新帝国——拿破仑帝国。他开创了法国乃至欧洲的一个新时代。拿破仑终于由一介平民，上升为神圣的人间主宰。如果说拿破仑在以往的人生里程上获得的只是辉煌，那么，现在，这种辉煌却有了"神圣的灵光"。

对此恩格斯在《德国状况》中说："在他做皇帝这件事情上我并不准备责备他。在资产阶级已在法国确立了统治而人民又漠不关心的情况下不可能有别的出路。因为资产阶级从不关心公共利益，只要他们私人的事情进行得顺利就行，而人民又看不到革命对自己有根本的好处，他们只具有战争的热情。"（《马克思恩格斯全集》第二卷第637~638页）。

看来，拿破仑这个由资产阶级革命成果的保卫者蜕变而成的皇帝与旧秩序中的封建皇帝还是有所不同。因此，他也便终究不为后者所容。他那过于膨胀的野心也加速了他的灭亡。

法国大革命的利剑　**拿破仑**

踏上不归路

> 决不允许让一个天生要成为太阳的国家堕落成为一个卫星！
>
> 奥斯特里茨的太阳升起了！
>
> ——拿破仑

拿破仑加冕后，曾致书英国国王："陛下，我的兄弟，我应上帝的召唤，并经参议院子民和军队的同意，登上法国的皇位，我的首要愿望就是和平。"这简直是欺诈的杰作。

拿破仑尽管登上了皇帝宝座，但他需要的却不是重建和平。早在担任第一执政的时候，拿破仑就亲口说道："我的权力有赖于我的荣誉，我的荣誉又有赖于我所赢得的胜利。我的权力如果不以新的荣誉和胜利为依据，就会丧失。征战获胜成就了现在的我，也只有征战获胜才能保持我的地位。"正是基于这样的信念，使他奋不顾身地追逐荣誉、发动战争。现在，他的目标又瞄准了整个欧陆。让法国统治整个大陆，是

他一贯的追求。他声称："我的原则是：法国第一"，"决不允许让一个天生要成为太阳的国家堕落成为一个卫星。""我无意扩大法国领土，只是要保持其完整……帝国不欲合并任何邦国，但我不愿牺牲我的权利或者联系我所创立的各个邦国的纽带。"野心昭然若揭。

拿破仑的极大野心激起了整个封建统治集团的恐慌，欧洲列强把拿破仑看作是法国革命的代表，是对封建统治秩序和欧洲均势的最大威胁。

1804年夏，法、俄断交。接着俄奥、俄瑞、俄英先后签订反法密约，计划动员50万军队，英国答应给

奥斯特里茨战役前夕，法军逼近奥地利首都维也纳，奥皇派人与拿破仑和谈，遭到拒绝。

每10万名士兵每年提供125万英镑的补助金。1805年8月，奥地利也加入了同盟，第三次反法同盟正式形成，联军迅速向法国推进。

风云突变。拿破仑断然命令贝尔纳多特、达乌、苏尔特、拉纳、内伊、马尔蒙、奥热罗等元帅指挥的军团和缪拉的骑兵队火速开往多瑙河。令人惊异的是，这支186 000人的庞大军队从英吉利海峡开到多瑙河竟然几乎没出现一个病号和掉队的，这就是拿破仑的军事艺术。他历来主张，"军队的力量就像力学中运动的数量一样，等于人数乘速度"，"宿营时化整为零，作战时化零为整"，这才是一个伟大的军事天才指挥下的军队。

苏尔特和拉纳的军团和缪拉的骑兵队到达多瑙河

奥斯特里茨战役中，拿破仑发布命令。

←炮兵，战争之神。

后，马不停蹄，快速渡过多瑙河，突然出现在麦克的后方。除一支奥军向东逃走外，大部分军队被内伊赶进要塞。10月15日，内伊和拉纳元帅强夺了乌尔姆周围的高地，麦克陷入绝境，10月20日不战而降。法军大获全胜。

"我们在15天内结束了我们的战役，""200门大炮、90面军旗、所有的将军，都成了我们的战利品。这支军队只有15 000人得救。"拿破仑在一次特别通告中，向自己的士兵们这样谈到最初几个战役的战果。

接着，拿破仑又率军乘胜前进，于11月13日进入了维也纳。弗兰茨皇帝出奔奥尔莫马茨。

正当哈布斯堡王朝岌岌可危之际，亚历山大一世

法国大革命的利剑　**拿破仑**

→拿破仑自封为意大利国王

匆忙赶往柏林，敦促普鲁士加入反法同盟。亚历山大一世、普鲁士国王弗里德里希·威廉三世及其王后路易莎在弗里德里希二世的陵墓演出了一场极端荒唐的戏——宣誓永远友好。

拿破仑估计到，无论如何也必须抢在普鲁士尚未参加联盟之前诱使俄、奥决战。于是他使尽伎俩，把

自己装扮成一个张皇失措、软弱无能、害怕作战的人，年少气盛的亚历山大乖乖地钻进了他布下的圈套。战斗刚开始，缪拉、拉纳元帅突出奇兵，一弹未发就夺下了奥军不知为什么唯一没有破坏的一座连接维也纳和多瑙河左岸的大桥。

12月2日清晨，法军同俄奥联军在奥斯特里茨村附近的丘陵地带展开了拿破仑史诗上著名的大会战。拿破仑自始至终亲自指挥了这场战役。他预料到俄奥会企图截断他去维也纳和多瑙河的退路，以便把他包围起来，于是将计就计，故意把左翼调开，诱俄军进入包围圈，再以普拉琴高地的主力猛攻，联军大溃，

← 拿破仑调动军队大败普军

或被淹死，或被击毙。弗兰茨和亚历山大两位皇帝在全军覆没以前很久便逃之夭夭，亚历山大像得了疟疾一样全身发抖。他已经不能控制自己，哭了起来。他飞快地跑了好几天，受伤的库图佐夫也险些被俘。战斗结束，法军只损失9 000人，而联军却死亡15 000人，被俘近20 000人，其余作鸟兽散。拿破仑描述了这场战役："在俄奥皇帝指挥下的10万军队，不到4小时，就被打得落花流水。没有死在剑下的那些人，也在湖里淹死了。"

奥斯特里茨战役一举摧毁了第三次反法同盟，它是拿破仑戎马生涯中最辉煌的一次胜利。他曾经自豪地说，"这一仗打得实在最好。同样的仗我曾打过30次，但是没有一次比得上这一次。"

第三次反法联盟在奥斯特里茨血战中惨败。消息经荷兰的报纸传到了英国，首相皮特成为众矢之的，他经受不住这种精神上的强烈震动，心力交瘁，一病不起，于1806年1月23日逝世。正像人们所说的那样，奥斯特里茨战役把拿破仑的这个最顽强、最有才干的敌人送上了天。临终前，皮特要人取下墙上的欧洲地图，"卷起来吧！今后十年不需要它了。"

历史竟然应验了皮特那凄惨的预言。奥战后，拿破仑又占领了那不勒斯王国，任命其兄约瑟夫为国王。

← 普鲁士军服

后又陆续任命贝尔蒂埃元帅为纳夏泰尔大公,其弟路易·波拿巴为荷兰国王,塔列朗为贝涅维特大公,贝尔纳多特元帅为南意大利的本特·科尔诺的大公。最后又组成了"莱茵联盟",拿破仑为联盟的"保护人"和武装部队总司令。这样,存在了近千年的德意志神

法国大革命的利剑 **拿破仑**

圣罗马帝国也寿终正寝了。

拿破仑咄咄逼人的态势，惹起了欧洲列强的愤怒。在俄、英的策划下，第四次反法联盟于1806年秋成立了。普鲁士成了这次联盟的急先锋。宫廷官员、军事长官、将军、上流社会人士、路易莎王后及其仆从公开吹嘘要给科西嘉暴发户、杀害当甘公爵的凶手、长裤汉的首领一个教训。

普鲁士宫廷高兴得太早了。10月8日，拿破仑即命令大军兵分三路直扑普鲁士军队的后方，缪拉和贝尔纳多特迅即在最初的战斗中取得了胜利，路易亲王甚至被刺死。10月14日，拿破仑和达乌元帅更是在耶拿和奥尔施泰特给予普军以毁灭性的打击；普军几乎

→ 拿破仑准备接见使节

拿破仑在巴黎圣母院举行加冕典礼

法国大革命的利剑　**拿破仑**

→登基后的拿破仑，手下是象征王权，带有十字架的金球。

←法军进占柏林

全军覆没。10月27日，拿破仑得意洋洋地进入柏林，市长亲自把首都的钥匙交给他，并且请求他赦免柏林。普鲁士国王威廉三世带着家眷和很小的朝廷躲藏到东部边境小城美默尔城里。正如德国大诗人海涅后来所描写的那样："拿破仑呵一口气，就吹掉了普鲁士。"

击溃普鲁士以后，拿破仑军队直逼波兰，大有进攻俄国之势。面对如此险恶的形势，俄国仓促应战。1807年2月8日，战斗在东普鲁士的艾劳城展开，拿破仑亲自指挥法军。艾劳一役是当时流血最多的战役之一，尽管俄国本尼格森的部队遭受了重创，但法军也损失很大，拿破仑必须准备一场新的决战。6月14日，弗里德兰战役开始了，拿破仑身先士卒，整个法军勇往直前，本格尼森遭到惨败，被迫休战。

1807年6月25日下午两点钟，两国皇帝在涅曼河中心的木筏上举行了第一次会见。拿破仑与亚历山大二人形成一种鲜明的对比。大诗人普希金在一首诗中，描写了亚历山大一世面前出现的拿破仑的形象：

> 他，在奥斯特里茨平原上
> 用手赶走了北方的民兵，
> 俄国人第一次在死亡面前逃命，
> 他，在提尔西特
> 带着胜利的条约
> 也带着和平与耻辱
> 站在年轻的沙皇面前……

几经协商，法国于1807年7月分别同各国签订了《提尔西特和约》。俄国答应结束同英国的合作，承认法国在欧洲所造成的一切领土上和政治上的变动，并与拿破仑达成肮脏的默契：西方归拿破仑，东方归亚历山大。普鲁士则丧失了几乎一半的领土和人口，还要付出1亿法郎的巨额赔款。拿破仑在这些被割让的地区，建立了附属于他自己的华沙大公国以及由幼弟热罗姆为国王的威斯特伐利亚王国。在整个谈判过程

中，两位皇帝形影不离，最后当着军队和聚集在涅曼河旁的很多人的面吻别。除了两位皇帝及其亲近的大臣之外，谁也不知道在提尔西特签订条约的这几天中，世界形势已经发生了巨大的变化。法国从此开始了它的巅峰时期。

法国大革命的利剑　**拿破仑**

如日中天

> 大陆必须制服海洋。
> 死算得了什么!生于战败中,生于耻辱中,还不如一日百死!
>
> ——拿破仑

提尔西特条约签订以后,拿破仑回到了巴黎。他现在看来达到了历史上任何一位主宰从未达到过的高不可攀的权力的顶峰。拿破仑是包括比利时、西部德国、皮埃蒙特、热那亚的巨大的法兰西帝国的专制皇帝,意大利的国王,莱茵同盟的大部分德意志土地的保护者,瑞士的统治者。他像在自己帝国中一样独裁地在下面这些地方发号施令:在荷兰和那不勒斯王国,他委派自己的兄弟路易和约瑟夫为国王;在德意志的整个中部和北部部分地区的威斯特伐利亚王国,由其第三个兄弟热罗姆管辖;在奥地利的过去的大片土地,那是他从奥地利夺来后交给自己的附庸巴伐利亚国王的;在欧洲北部沿海地区,那里的汉堡、不来梅、卢卑克、但泽、科尼希斯贝克都被他的军队占领；在波兰，那里新建立的军队是受达乌元帅管辖的，那里的统治者是拿破仑的附庸和奴仆萨克森国王，拿破仑任命他为波兰的大公。此外，爱奥尼亚群岛、卡塔罗城、巴尔干半岛亚德里亚海沿岸的一部分地方也属于拿破仑。普鲁士只剩下很少的领土，它对拿破仑的每一句话都胆战心惊；奥地利沉默不语，表示顺从；俄罗斯与法兰西帝国结成了紧密的联盟。

但是，这种局势拿破仑也并不甘心，因为还有一个英国仍在继续斗争，他决不能容忍。他所追求的乃是一个绝对的最高统治者，决不允许还有人跟他分庭抗礼。他坚信"大陆必须制服海洋"，遂决定封锁英伦三岛，以无情的经济战来扼杀这个最强大的竞争对手。

1806年11月和1807年12月，拿破仑先后签署了

←拿破仑在乡间

法国大革命的利剑　**拿破仑**

著名的《柏林敕令》和《米兰敕令》，规定：所有欧洲国家都不准同英国进行贸易，一切来自英国及其殖民地的船只都不得驶入欧洲大陆各港口，如发现英国货一律予以没收；凡驶往英国及其殖民地港口的中立国船只也将作为英国船只论处。这就是所谓的大陆封锁体制！一个欺诈、侵略和掠夺的体制！这个体制，一方面是贪得无厌，而另一方面一错再错，不可救药。这些措施固然一时刺激了法国工业的发展，但从长远的实际发展效果看，却无异于饮鸩止渴。首先，因切断同

英国及其广大殖民地的贸易联系，使法国商品的销售市场大为缩小，原料来源也严重不足，终于导致了1811年的经济危机，而这又有可能引起人民的暴动。其次，由于英国的资本主义工商业比法国强大，在欧洲市场上，法国商品远远代替不了物美价廉的英国货，所以许多国家怨声载道，它们被迫阳奉阴违，大搞走私。对拿破仑来说，为了保证大陆封锁令不致成为一纸空文，就必须控制全部欧洲海岸线，也就是说，要把整个欧洲大陆都置于自己的绝对统治之下。这是不可能的事，只要有一个自由港就能坏事。这需要继续进行战争，因为他不相信葡萄牙的布拉甘兹王朝和西班牙的波旁王朝会忠实地执行他的大陆封锁令。看来命运之神虽然还有一些辉煌的胜利已给拿破仑准备好，却也同时备妥一些缘由以便在转眼间剥夺他的战功，并把他投入比促使他平步青云的好运更大的惨祸中。大陆封锁令只能把各国都变成皇帝的敌人。

为了解除后顾之忧，1807年10月，根据拿破仑的命令，朱诺元帅指挥一支27 000人的军队经过西班牙的领土向葡萄牙挺进，随后又派杜邦将军指挥一支24 000人的军队和将近5 000名的骑兵进军葡萄牙。等朱诺于11月29日进入里斯本时，葡萄牙王室已在两天前坐上英国军舰逃出了自己的首都。下一步该轮到西班牙了。

1807年冬天和1808年春天，拿破仑的军队源源不断地经过比利牛斯山涌入西班牙。拿破仑非常巧妙地利用了西班牙王室纠纷的尖锐化，派缪拉元帅率领8万法军向马德里挺进。1808年的3月23日，缪拉进入了西班牙首都，西班牙王室被拘押在枫丹白露。5月10日，拿破仑命令自己的兄弟约瑟夫转任西班牙国王。

1809年初，新的反法同盟又拼凑起来了。在奥斯特里茨战役中惨败的奥地利，此时已渐渐恢复元气。它在俄国的怂恿下，再度与英国结盟。4月14日，奥国大公查理这位奥国名将集结了40万大军，侵入巴伐利亚。奥军这一次作战异乎寻常地勇敢和坚强。第一次大的战斗是在巴伐利亚的阿本斯贝格进行的。奥军被击退了，损失了一万三千多人。但是他们作战时非常勇敢，这比在阿尔科拉、马伦哥和奥斯特里茨打得出色。第二次战斗是4月22日在艾克缪尔发生的，这场战斗又是拿破仑取得胜利。查理大公遭受惨重损失，被赶过多瑙河。第三次是拉纳元帅以强攻占领了莱根堡，指挥围攻的拿破仑在战斗最激烈的时候脚部受伤。为避免扰乱军心，他依然忍着剧烈的疼痛，微笑着向那些对他欢呼的士兵还礼。在艾克缪尔和莱根堡的战

↖ 拿破仑在战场指挥时脚部被炮弹打伤

斗中,奥军又损失了近五万人。5天当中,拿破仑赢得了5次血战的胜利。5月13日,维也纳的市长把奥国首都的钥匙呈献给皇帝。但战斗并没有结束。查理救出了军队,使军队经过维也纳的桥梁到达多瑙河左岸,然后马上把桥烧掉。

拿破仑决定采取异常困难的行动,从维也纳的岸边架设浮桥到达河心的洛博岛,再从这个岛输送主力军队渡过狭窄的支流到达多瑙河左岸。拉纳和马塞纳的军团首先到达左岸,但遭到了查理大公的袭击,爆发了一场激烈的战斗,浮桥被切断,法军失去弹药供应,遭受重大损失,被迫撤回,拉纳元帅中弹受伤,双脚几乎被炸断,在拿破仑的怀中死去了。

拉纳的死,激起了拿破仑的极度悲伤和愤怒,他

法国大革命的利剑　**拿破仑**

在制服教皇以后，立即着手进行最后的军事准备。7月初，拿破仑将新的军团和五百五十多门大炮调往洛博岛，7月5日战斗开始。拿破仑处于战斗的中心，达乌元帅、麦克唐纳元帅、马塞纳元帅、炮兵司令德鲁奥将军的行动都十分准确。"麦克唐纳纵队"在遭受重大损失后突破奥军中心；达乌元帅也进入瓦格拉姆，全歼了奥国军队。7月6日傍晚，一切都完结了。奥军在瓦格拉姆战役中所遭到的惨败是令人吃惊的，死伤、被俘共近37 000人。奥皇弗兰茨彻底绝望了，被迫于

→ 皇后约瑟芬

10月14日签署了肖恩布鲁恩和约，即《维也纳和约》。奥地利帝国为想推翻拿破仑压迫的大胆企图付出了沉重的代价：数万人的死亡，国家的破坏，几千万赔款，失去了几乎1/3最美好的领土和几百万居民，加深了对战胜者的从属地位。第五次反法同盟遂告烟消云散。

几经征战，庞大的帝国更庞大了；忠实的附庸国得到了重赏；不顺从的反抗者遭到了残酷的处罚；教皇失去了领地；提罗耳的起义者被驱散；席尔少校的游击队员被普鲁士军事法庭按照拿破仑的命令枪杀了；从英国传来了百业萧条、工商业者自杀和破产以及人民不满的消息。

看来，世界帝国正处于光辉、强大、富足和光荣的顶点。

只可惜，世界帝国的主宰者还有点儿放心不下的事，那就是约瑟芬始终不曾为他生下一男半女。世袭无人，使他焦灼不安。《维也纳和约》签订后不久，他终于向皇后提出离婚。约瑟芬当场就昏迷不省人事。拿破仑心里也不好受，但他还是勉强劝慰："我永远爱你。不过，在政治上是没有良心而只有头脑的。""我最珍贵的爱情必须让位给法国的利益。"约瑟芬明白，眼泪和昏厥都无法使皇帝回心转意，只得悲痛地表示，为了法国的利益，她同意离婚。1809年12月15日，在

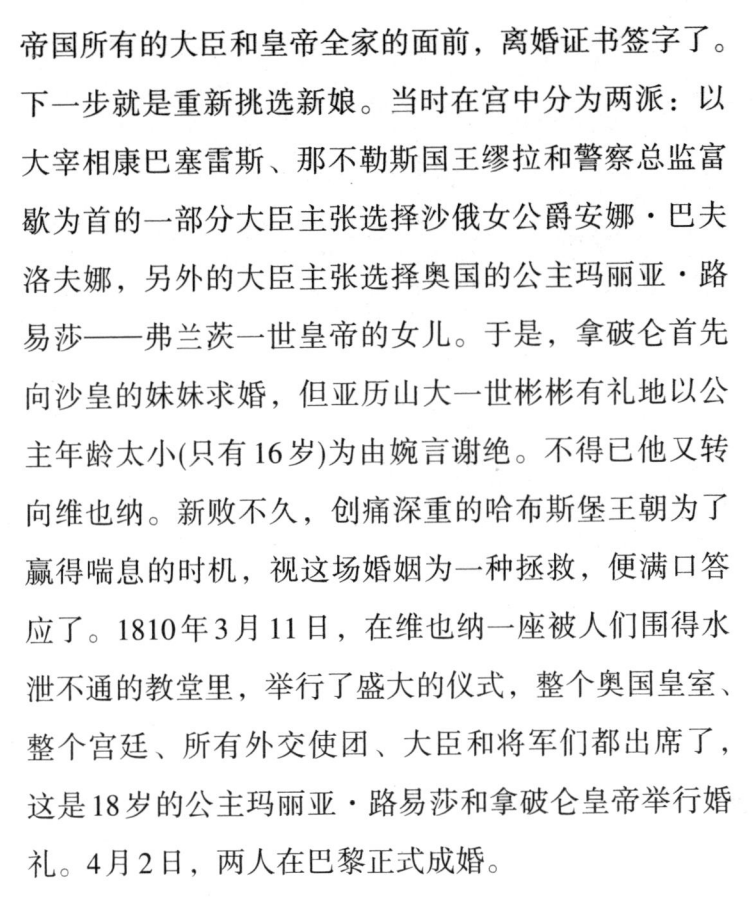

帝国所有的大臣和皇帝全家的面前，离婚证书签字了。下一步就是重新挑选新娘。当时在宫中分为两派：以大宰相康巴塞雷斯、那不勒斯国王缪拉和警察总监富歇为首的一部分大臣主张选择沙俄女公爵安娜·巴夫洛夫娜，另外的大臣主张选择奥国的公主玛丽亚·路易莎——弗兰茨一世皇帝的女儿。于是，拿破仑首先向沙皇的妹妹求婚，但亚历山大一世彬彬有礼地以公主年龄太小（只有16岁）为由婉言谢绝。不得已他又转向维也纳。新败不久，创痛深重的哈布斯堡王朝为了赢得喘息的时机，视这场婚姻为一种拯救，便满口答应了。1810年3月11日，在维也纳一座被人们围得水泄不通的教堂里，举行了盛大的仪式，整个奥国皇室、整个宫廷、所有外交使团、大臣和将军们都出席了，这是18岁的公主玛丽亚·路易莎和拿破仑皇帝举行婚礼。4月2日，两人在巴黎正式成婚。

奥地利的哈布斯堡王室，是神圣罗马帝国的嫡系，欧洲大陆上的一等世家，同它联姻，极大地满足了拿破仑的虚荣心。

这次事件在欧洲产生了巨大的震动，引起了各式各样的议论。汉撒同盟商人说："现在，战争要结束了，欧洲取得了均势，孕育着幸福的时代。"外交家们说："几年之后，他一定会同两个大国中没有立刻给他

←拿破仑和奥地利公主的结婚典礼

新娘的那个大国作战。"

1810年,他正如日中天,光彩夺目,炎威逼人,权倾四海。他既是法国的皇帝,又是意大利的国王,莱茵联邦的保护者,瑞士的仲裁人,荷兰、那不勒斯王国、华沙大公国以及其他附庸国的太上皇。在国内,反对派几乎已鸦雀无声;在国外,整个中欧和西欧都匍伏在他的脚下。在巴黎市中心,矗立着巨大的旺多姆圆柱,这是用对外战争缴获的大炮铸成的,上面是头戴皇冠,手持权杖、金球的拿破仑的铜像。他的御用报纸谄媚地声称:"假如昔日的废墟上,不是出现了一位举世肃然起敬的、若天命之所归的人物,欧洲文

明恐怕已经绝灭。"是啊，他已不再是人，而是高耸入云、超凡入圣的"救世主"了。

拿破仑何以取得如此辉煌的成果，道理很简单：其对手（英国除外）几乎都是落后、腐朽、等级森严、士气低落的封建军队；而当时的法国则代表着先进的资本主义社会制度，他本人、他的一整套新的战略战术以及他的官兵，都是法国大革命的产物。另外，他个人的作用也是至关重要的。拿破仑是"最伟大的统帅、政治家、立法家、行政官和征服者"，是"一个具有绝对统治一切与他有关的东西的人，一个具有惊人的洞察力的人……"，历史的见证人丹尼斯·达维多夫写道。

拿破仑非常注意物色指挥人员，他会毫不犹豫地

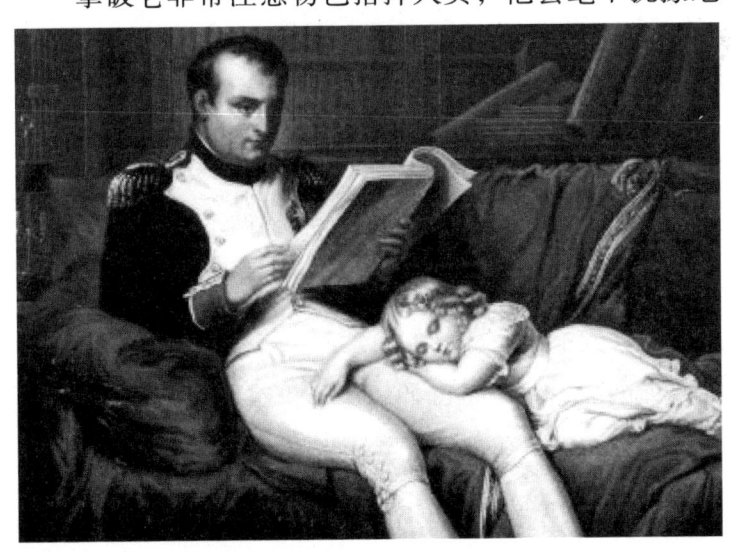

→ 拿破仑和儿子小罗马王

授予还不够40岁的人以将军"证书"。他的一位元帅在当上元帅时才只有34岁。在拿破仑提升军官的过程中,年轻是优势的因素,不像当时所有的军队中那样是劣势的因素,所以在他的身边聚集了一大批有才干的军人。他特别重视争取和鼓舞军心,尽管他心底里把士兵视作"炮灰",但极少把这种想法流露出来。他善于成功地使自己的部下确信,他和他们都像过去一样在保卫自己的祖国不受波旁王朝和干涉者的侵犯,他像过去一样,只是法国的第一名士兵。他经常穿着朴素的灰大衣同士兵们在一起,亲切地揪他们的耳朵,耐心地听他们发牢骚,他甚至能叫出许多士兵的名字,了解他们的性格、经历和家庭。他是威慑四方的凯撒,欧洲在他面前吓得发抖,皇帝们在他面前匍伏跪拜,但士兵们却把他看成一名士兵,他们在私下交谈中间,称他为"小伍长""小和尚",并高兴地回忆起,缪拉、贝尔纳多特、勒费弗尔以及帝国的其他许多杰出的将军是从哪个军衔开始服役的。他常说:"谁不想当元帅,谁就不是个好士兵!"他的这种作风,再加上他的运筹帷幄、百战不殆,赢得了广大士兵的无比信赖和狂热崇拜。他的死对头、英国的威灵顿将军为此感叹过:"拿破仑一上战场,能抵十万大军。"

拿破仑注意身先士卒,亲自做出榜样激励将士。

他说过:"死算得了什么!生于战败中,生于耻辱中,还不如一日百死!"在洛迪和阿尔科拉战役中,他跳下战马,亲自高举军旗,冲在最前面。艾劳战役中,他在俄军的猛烈炮火下,接连几小时屹然挺立,沉着冷静地发布一道又一道命令——尽管在他的脚下倒下了一具又一具尸体。艾克缪尔战役中,他脚部负伤,却严禁副官声张,坚持指挥到底;战斗结束后,他还强忍疼痛,微笑着向欢呼的士兵们频频招手。在艾劳战役后驻军波兰的那个严寒饥饿的冬天,他没有住进奢华的华沙宫,而是同士兵同甘苦、共患难。拿破仑从这个冬季扎营地在给他任命为那不勒斯国王的兄弟约瑟夫的信中写道:"在15天中我没有脱过一次鞋……我们生活在雪和污秽之中,没有葡萄酒,没有烧酒,没有面包,我们吃马铃薯和肉,长途行军和后撤,没有一点舒服的地方,作战通常是进行白刃战,或者冒着枪林弹雨,受伤的人被装在敞篷的雪橇里,运到50里之外……我们尽力作战,也受尽战争的折磨。"

拿破仑具有远大的战略目光,掌握巧妙的作战艺术。他努力遵循两条基本原则:一、"只做力所能及的事情,只做最有胜利把握的事情";二、"主力只用于战争的主要目的——消灭敌人"。他的座右铭是:"行动和速度"。他的作战特点是:一、实施广泛的机动,

← 法兰西战役时的拿破仑

利用山川掩护大军行动，或夺占战略高地，以便重炮轰击；或选择步、骑、炮兵能充分展开的有利地形为决战场所。二、在决定性方向上，迅速集结优势兵力，采取突然行动；如遇有数量上占优势的敌军，则竭力将其分割成小块，然后各个击破。其全部军事艺术在于：在必要的时候，在必要的地方，集中比敌人在此时此地更大的兵力。

正是由于诸种主客观条件，拿破仑率领法国军队十多年来纵横驰骋，无敌于欧洲，建立了规模庞大的"法兰西帝国"。可是，他苦心经营的大厦其实只是建立在沙滩之上，从外观看帝国正步入它辉煌的巅峰，其实早就孕育了一朝覆亡的祸根。

莫斯科乌云

> 要办好世界上的每一件事情，关键在于正确掌握时机。
>
> ——拿破仑

拿破仑一生中，他注视着伦敦的视线，经常转移到阿尔卑斯山、维也纳、柏林、马德里，而只要在大陆上的战争中有一短暂的喘息时间，他的视线又固执地重新移向伦敦，现在又开始从伦敦移向最遥远的一个欧洲国家的首都。

"北方的海岸"是在狡猾的俄国沙皇的管辖之下……是放弃同英国的斗争，放弃快要取得的胜利，放弃摧毁英国的经济力量，还是扼住亚历山大的喉咙，迫使他记起提尔西特和约的义务？早在1810年拿破仑就提出了这样的问题。他认为在经济上彻底扼杀英国是根本保证他所创造的伟大的君主国家万世长存的惟一手段。同时，他清楚地看到，与俄国订立的联盟遭到破坏，首先是因为俄国把自己的很多希望寄托在英

国的未来上，正如英国把自己的希望寄托在俄国身上一样。但是，他不能直接打击英国，这就是说，必须打击俄国。

新的大规模的武装斗争的血腥的阴影在世界的地平线上升腾起来了。

1811年8月15日，在欢迎前来祝贺拿破仑命名日

← 拿破仑

法国大革命的利剑　**拿破仑**

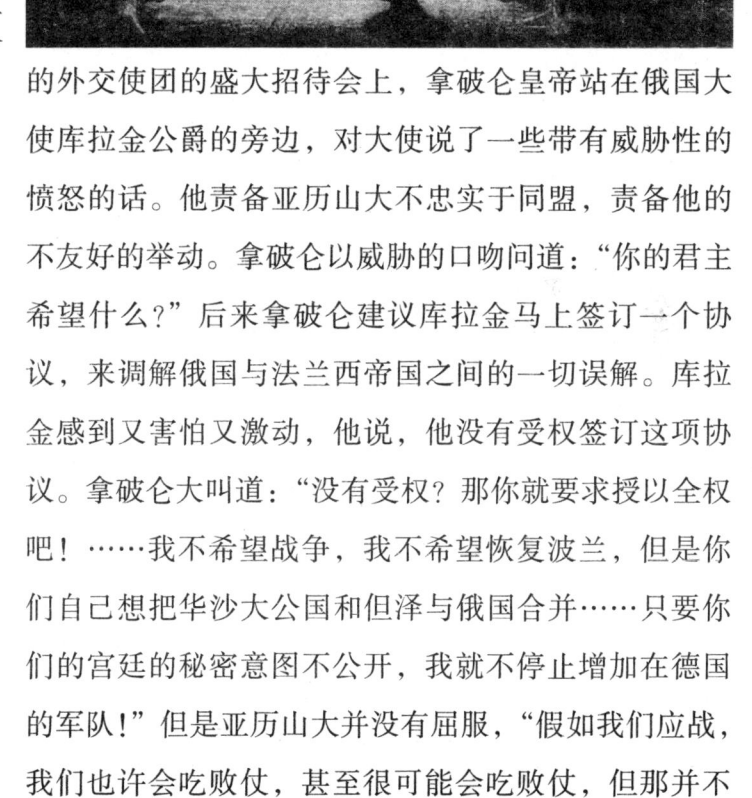

← 俄皇向拿破仑介绍他的近卫队

的外交使团的盛大招待会上，拿破仑皇帝站在俄国大使库拉金公爵的旁边，对大使说了一些带有威胁性的愤怒的话。他责备亚历山大不忠实于同盟，责备他的不友好的举动。拿破仑以威胁的口吻问道："你的君主希望什么？"后来拿破仑建议库拉金马上签订一个协议，来调解俄国与法兰西帝国之间的一切误解。库拉金感到又害怕又激动，他说，他没有受权签订这项协议。拿破仑大叫道："没有受权？那你就要求授以全权吧！……我不希望战争，我不希望恢复波兰，但是你们自己想把华沙大公国和但泽与俄国合并……只要你们的宫廷的秘密意图不公开，我就不停止增加在德国的军队！"但是亚历山大并没有屈服，"假如我们应战，我们也许会吃败仗，甚至很可能会吃败仗，但那并不意味着他就能平安无事。"

在这一幕之后，欧洲已经没有谁怀疑战争即将到来了。

拿破仑在做好了军事上和外交上的准备以后，于1812年6月22日签署了对大军的命令："士兵们，第二次波兰战争开始了。第一次波兰战争是在弗里德兰和提尔西特结束的。在提尔西特，俄国发誓与法国结成永久联盟，并且发誓与英国作战。现在，它破坏了自己的誓言。当法国的雄鹰没有再度飞过莱茵河而让我们的盟国听凭俄国去支配的时候，俄国对自己奇特的行为竟不作任何解释。俄国在劫难逃：它的命运应该完结了。它是否认为我们已经蜕化了?难道我们已经不是奥斯特里茨战场上的士兵了吗?它让我们选择：耻辱或者战争。我们的选择是没有疑问的。所以，前进吧，渡过涅曼河，把战争带到俄国领土上。对法国的军队来说，第二次波兰战争将成为光荣的战争，正如第一次波兰战争一样。但是我们将签订的和约应该得到保证，并且将要结束50年来俄国对欧洲事务的毁灭性的影响。"

6月24日夜晚，拿破仑下令开始渡河。第13团的300名波兰人首先渡河到达对岸。几天中，全部老近卫军和新近卫军，接着是缪拉的骑兵，以及各个元帅的军团，接二连三地到达涅曼河东岸。

拿破仑带领着元帅们和一大群随从人员，以全部骑兵为前导，一直奔向维尔纳，到处都看不见进行抵抗的迹象。

8月14日，拿破仑的大军在克拉斯诺同涅维洛夫斯基的师团接了火，该师十分坚强地经受住内伊和缪拉的优势兵力的进攻，损失了1/3的人员。之后，拿破仑逼近斯摩棱斯克，16日早晨6点钟，下令对斯摩棱斯克进行总的轰击和进攻，经过猛烈的战斗，17日晚占领了该城。但俄军在撤退前炸毁了军火库，并放火烧城，只见烈焰熊熊，火光冲天，街道上堆满了人马的尸体，几千名伤员的呻吟声和呼叫声响彻全城。拿破仑一边巡视，一边问他的亲随科兰古："你认为这景色怎么样？"科兰古回答："可怕！"拿破仑露出得意的微笑："不！记得罗马皇帝曾说过'一具敌人的尸体总是好闻的'。"他一回到驻地，就把佩刀扔在桌子上，说道："1812年的战争结束了！"

但是，拿破仑高兴得太早了。俄军在新统帅库图佐夫的率领下，在博罗迪诺进行了一场大战。9月7日早晨，太阳刚刚升起，拿破仑下达命令，法军发起进攻，却遭到了俄军的凶猛抵抗，阵地几经易手，呈胶着状态。法军在付出沉重的代价后，才取得了这场战

争的胜利。博罗迪诺一役，法军47位将军被打死或受重伤，几万名士兵或被打死，或受了伤，躺在战场上。

  这以后，俄军统帅库图佐夫为了保存有生力量，尽量避免决战，主动撤退，坚壁清野。当拿破仑9月14日抵达莫斯科时，发现它竟是一座死寂的空城！第二天半夜又忽然狂风大作，四处起火，风助火势，火仗风威，莫斯科城成为一片火海。"对我来说，我宁愿烧掉自己的房屋也不愿让它受到你们的玷污。法国人！在莫斯科，我放弃了两幢公寓，连同家具，价值共计50万卢布，但你们所看到的只能是灰烬。"有俄国人写了这样的布告。大火燃烧了三天三夜，城内3/4的建筑被焚毁。拿破仑巡视克里姆林宫，从窗户中往四处环顾，

俄军遇到法军，炸毁自己的军火库，放火烧城，把一座空城（斯莫棱斯克）留给了拿破仑。

法国大革命的利剑　**拿破仑**

看见到处都是一片火海的时候，面色苍白，久久沉默地望着大火，说道："多么可怕的景象！这是他们自己放的火……多大的决心！怎样的人啊！这是野蛮人！"他再也笑不出来了，有时甚至大发其疯。

为了摆脱困境，拿破仑三次向沙皇尝试媾和，但都遭到了拒绝。于是，他下令从莫斯科的档案中寻找俄国农民起义领袖普加乔夫的材料，打算起草告俄国农民书，发布解放农奴的法令。可是，这是完全不可能的。拿破仑在立陶宛用法国军队残酷镇压了农民，他怎么能够忽然变成俄国农民的解放者呢？他不是革命的创造者，而是革命的摧残者；他对人民运动具有一种类似生理上的厌恶；他仍然是皇帝，而不是其他别的角色。到底是什么东西妨碍了拿破仑的行动？一句话，新的、资产阶级的君主制的皇帝觉得自己对农奴制的半封建的罗曼诺夫王朝的主人，终究还是比对农民起义的自发力量更为亲近。就这样，拿破仑在莫斯科白白呆了五个星期，在政治上、军事上都毫无作为；而无情的时光却送来了俄罗斯严寒的冬季。

几十万大军困在空城，断粮缺薪，四出抢掠，军纪荡然无存；而俄国各地的农民游击队却异常活跃，严重威胁着法军漫长的交通线。面对这种孤军深入、求和不成、欲战不能、后方险恶的危难处境，拿破仑不得不决定于10月19日下令撤出莫斯科，让莫尔特元帅和一万名守卫部队暂留莫斯科。但是，库图佐夫日益加强的进攻和骚扰，迫使拿破仑命令莫尔特元帅放弃莫斯科，立即与大军会合，直往斯摩棱斯克撤退。

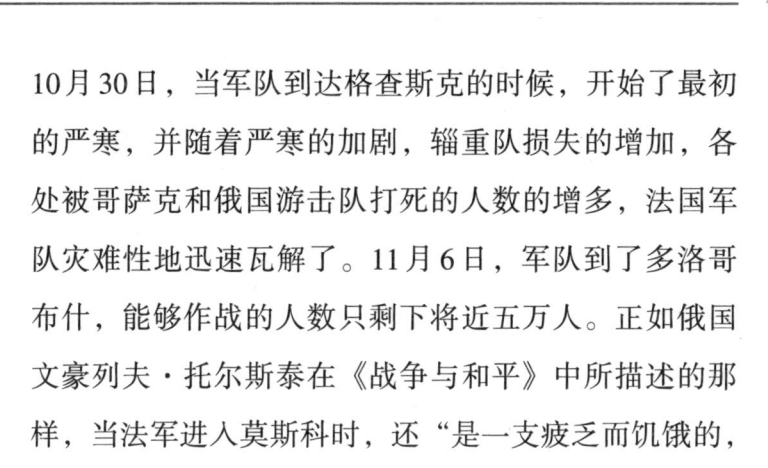

10月30日，当军队到达格查斯克的时候，开始了最初的严寒，并随着严寒的加剧，辎重队损失的增加，各处被哥萨克和俄国游击队打死的人数的增多，法国军队灾难性地迅速瓦解了。11月6日，军队到了多洛哥布什，能够作战的人数只剩下将近五万人。正如俄国文豪列夫·托尔斯泰在《战争与和平》中所描述的那样，当法军进入莫斯科时，还"是一支疲乏而饥饿的，但依旧是有战斗力的可怕的军队"，而当他们撤离莫斯科时，已"不再形成一支军队了，他们是一群乌合的盗匪"。

更为令人惊心的是，拿破仑获悉巴黎发生了一起未遂政变。一位叫马莱的将军——当时是囚犯——伪造了议院的命令，宣布拿破仑已在俄国阵亡，宣告成立共和国，并且逮捕了警察总监萨瓦里，打伤了陆军部长。马莱被识破后交付军事法庭审判并被枪决。但这件事使拿破仑产生了强烈的震动，"我必须回巴黎去，我到巴黎是重新发动公众舆论。……我必须出发了。"

1812年12月6日，在斯莫尔冈，拿破仑在科兰古、迪罗克、洛巴和波兰军官冯索维奇的伴随下离开了军队，把指挥权交给了缪拉。元帅们来送他，眼看他和科兰古坐上雪橇消失在傍晚的朦胧雪雾中。

现在，血淋淋的现实摆在了拿破仑的面前：法国先后调入莫斯科的军队近六十万人，只有 27 000 名残兵败卒逃离了俄国边境。但他并没有丧失信心。战争已经是他的一种天性，他依然生气勃勃、精神抖擞，当他和科兰古坐上雪橇的时候，他的全部注意力已经放在未来的战争上，以及如何在外交和技术上进行这场战争。他总结说："我错了，但不是错在这个战争的目的及其在政治上是否恰合时宜上面，而是错在进行战争的方法上。应该停留在威特斯克。如果这样的话，亚历山大现在已经拜倒在我的脚下了。""多呆了一个星期，结果使我的胜利成果付诸东流。要办好世界上的每一件事情，关键在于正确掌握时机。这就是成功的秘诀。"

←拿破仑撤离俄国

法国大革命的利剑　**拿破仑**

← 1800年前后的拿破仑，大卫的草稿

途经华沙时，他召见了派往萨克森国王的使节普拉特神父，并说了那句著名的话："从伟大到荒谬只差一步，让后代去评论吧。"他并不死心，还准备东山再起，"俄国人将为自己的胜利付出很高的代价。"然而，历史已经证明：他在俄国的几乎全军覆没，成了欧洲各国普遍起义反抗法国统治的信号，成了庞大帝国盛极而衰的转折点。

魂断天涯

我只用我的烟盒就敲开了这些门。

法兰西……军队……先锋……

——拿破仑

早在1808年拿破仑侵入西班牙的时候,他就陷入了猛烈的、扑不灭的反对法国侵略者的农民游击战争的火焰之中。在这里,拿破仑第一次碰到了完全不同的敌人。在他面前的,是用砍刀武装起来的阿斯图里亚斯的农民,是身穿破烂衣服、手拿生锈枪支的摩林纳山上的牧人,是手拿铁棍和长剑的卡塔洛尼亚的手工业工人。拿破仑对这些人嗤之以鼻,认为他们只不过是一群乌合之众,是一群不堪一击的"流氓"。他是欧洲的主宰,他把拥有炮兵和骑兵、皇帝和元帅的俄国、奥国和普鲁士的军队都打得大败而逃,他的话能够毁灭旧的国家和建立新的国家,难道他还怕"西班牙的败类"吗?

但是,无论是他自己,或者世界上的任何人,当

时都不知道，正是这些"流氓"最先开始挖掘深渊，拿破仑的大帝国注定要崩塌到这个深渊里去。

在西班牙，不愉快的事情源源不断地传到拿破仑的耳中。例如：西班牙的农民胆敢几个人结成一伙，在夜晚悄悄地跑到法军军营来开枪射击，当抓到他们，要枪毙他们的时候，他们在临刑前沉默不语，或者以鄙视的口吻谩骂。在镇压马德里起义的时候，缪拉元帅向人群开枪射击，人群并不马上逃得无影无踪，而是躲到屋里，从窗户内继续向法军射击；当法军进入

→ 拿破仑视察巴尔德堡

屋内逮捕射击者的时候，子弹已经用完的西班牙人就用刀砍，用拳头打，用嘴咬，只要一息尚存就拼命挣扎，法军只是经过了殊死的搏斗后，才把西班牙人从窗户抛到大街上去，抛到法军的枪尖上去。法军进入乡村，乡村一无所有，居民都藏到森林中去了。在一个村庄中遇见了一位年轻的母亲，带着一个孩子，还发现一些存粮。军官怀疑是否有人捣鬼，在让士兵吃这些东西以前，先问这个女人，存粮里面是否下了毒药。军官得到使人安心的回答以后，命令她自己先吃一些。这位农妇毫不犹豫地吃了。军官对此还不满足，他命令农妇拿这些食物喂她的小孩，母亲马上执行了这个要求。于是一些士兵就吃了，经过短短的时间之后，母亲、孩子和进食的士兵都痛苦地死去了。正是这群被拿破仑鄙视地称作"流氓"的人，于1808年7月迫使法军统帅杜邦将军在拜兰举起了白旗；约瑟夫吓得抱头鼠窜，狼狈地逃出马德里。

拜兰大捷粉碎了拿破仑军队不可战胜的神话，在昏天黑地的腥风血雨中透出了第一线曙光。

对拜兰的失利，拿破仑大发雷霆，把杜邦交付军事法庭受审。11月，他亲率20万大军进攻西班牙。西班牙军队经过殊死抵抗，终因实力相差悬殊而在短短的几天内几乎全军覆没。但是英勇的西班牙人民并没

法国大革命的利剑　拿破仑

有屈服，他们组织起游击队，频频骚扰侵略者，六年内，一共拖住了法国近三十万的精锐部队。西班牙游击战极大地鼓舞了欧洲，意大利、奥地利、德意志等地都相继点燃了民族抗战的烽火。

庞大的帝国大厦正是注定要在这扑不灭的人民战争的烈火中化为灰烬的。当后来拿破仑被囚禁在圣赫勒拿岛上时，他也后悔莫及地承认："正是这个西班牙脓疮把我毁了。"

但在当时，利令智昏的拿破仑并没有意识到这一点，他迫不及待地发动了侵入俄罗斯的战争。可是他在莫斯科的惨败，为他的覆亡又加了一个沉重的砝码。

抛开外事，再谈国内。早在1808年，拿破仑便建立了爵位和封土均为世袭的"帝国贵族"制度。他一生共分封了几十个亲王和公爵，几百、上千个侯爵、伯爵和子爵。在帝国贵族中，旧贵族出身的已占22.5%，到1814年，他所任命的省长中，旧贵族竟占了43%。带有浓厚封建色彩的新的等级制度在他的一手经营下建立了。1810年，他又同18岁的奥地利公主路易丝成婚，这是他对名门世族有着显而易见的偏爱的典型表现。他声称自己要"成为旧和新之间联盟的拱门，成为旧秩序和新秩序之间的天然居间人。"儿子诞生的那一天，他下令按照波旁王太子诞生的惯例，

←在使法军损失惨重博罗金诺战场上的拿破仑

鸣礼炮101响,并立即授予儿子以"罗马王"的称号。拿破仑在等级制的道路上越陷越深,他又委派专人,仿效波旁王朝的旧制,制订了长达800页的朝仪规章。宫廷里盛行的是穷极奢华、比波旁王朝有过之而无不及的各种典礼和舞会。正如恩格斯所说,拿破仑最大的错误就在于:他娶奥国皇帝的女儿为妻,和旧的反革命王朝结成同盟;他不去消灭旧欧洲的一切痕迹,反而竭力和它妥协;他力图在欧洲帝王中间取得首屈一指的声誉,因此他尽量把自己的宫廷搞得和他们的宫廷一样。他把自己降低到了其他帝王的水平,他力图得到和他们同样的荣誉,拜倒在正统主义原则之前,因此很自然,正统的帝王们便把篡夺者踢出了自己的

法国大革命的利剑　拿破仑

圈子。

而且,拿破仑连年征战,把国内折腾得鸡犬不宁、民不聊生。1813年春,他下令征兵28万,可花了九牛二虎之力才征来14万,其中既有年近古稀的老翁,也有尚未成年的孩童。1813年冬,他又下令征兵30万,而入伍的仅六万余。资产阶级"暴发户"也对他这支"宝剑"所表现的那种军营习惯和专制行为深表厌恶。许多长期追随他东征西讨的元帅、将军,也开始厌倦无休止的枪林弹雨,渴望经营自己的安乐窝。

但是这一切,拿破仑闻如未闻、见如未见,仍是固执地认为:"我的权势建立在我的光荣之上,而我的光荣建立在战功上……征战使我得有今日,也只有征战才能维持我今日的地位。"他自命不凡,幻想再以新的"战功"来维系波拿巴的家天下。但是,当拿破仑建立了法兰西帝国,奴役欧洲许多早已形成的、有生存能力的民族大国的时候,法兰西的民族战争便成了帝国主义战争,而这种帝国主义战争又产生了反对拿破仑帝国主义的民族解放战争。后期的拿破仑,无视人民的呼声,无视历史发展的潮流,完全步入了一条反革命的道路,历史注定拿破仑要成为一个悲剧式的人物。

1813年春,俄、英、普、奥、瑞典等国结成了第

六次反法同盟。拿破仑征集了30万大军东渡莱茵河去迎击联军。在5月1日和2日的韦森非尔斯和吕岑的战斗中，拿破仑大获全胜。随后又在包岑进行了惨烈的战斗，贝西埃和迪罗克两位元帅在这几次战役中丧生。拿破仑打红了眼，狂怒地声称："如果你们想从我这里得到土地，那你们必须流血！"

在包岑战斗后，敌对双方接受了由梅特涅策动的奥地利的调停建议，于6月4日在普列什维茨签订了停战条约。但是拿破仑不相信真能签订他所力图签订的那种条约。

不全宁无。拿破仑就是带着这个口号开始伟大的1813年的斗争，并且也是以这个口号继续斗争的。他

←拿破仑陵寝

嘲弄别国的皇帝、国王："如果我不是我自己,而是我自己的孙子的话,我也可能是战败而归,在损兵折将之后再统治下去。""你们的君主生来就坐在王位上,不可能理解鼓舞着我的情感。他们战败回到首都的时候,对于他们说来是算不了什么的。而我是一个士兵,我需要荣誉和光荣,我不能以一个被侮辱者的姿态出现在我的人民的面前。我必须仍然是伟大的、光荣的,得到人民的称赞!"

8月10日停战期限届满。11日,奥地利对拿破仑宣战。8月27日在德累斯顿发生了战争恢复后的第一场大战。拿破仑获得了光辉的胜利,联军方面的死伤和被俘人数将近两万五千人,而拿破仑的损失只将近一万人。使盟军遭受更大打击的是在战争之初即丧失了最好的战略家莫罗将军。

但是联军并没有气馁,而是准备着一场新的战争。10月16日,在莱比锡附近的平原上开始了一场在整个拿破仑时代最大的战争。在随后三天的激烈战斗中,法军共损失至少65 000人,拿破仑被迫率残部退回莱茵河左岸。

兵败如山倒。莱比锡战役后,帝国大厦开始倒塌,形势一发不可收拾,大有众叛亲离之趋势。但拿破仑已"疯"了,他对梅特涅的谈判建议敷衍了事,决定

背水一战。每天都有新的部队在皇帝的密切注视的眼光下开始开往东方，开往莱茵河。大悲剧的末尾临近了。

1814年初，85万联军兵分四路，从东、北、西南几个方向同时向前推进，深入法国境内。拿破仑已陷入重围，但他还是拒绝考虑接受任何只使法国保留原有疆界的谈判条件。

1月23日，拿破仑任命自己的妻子玛丽亚·路易丝为帝国摄政，并很动情地对朝臣和国民自卫军军官说道："诸位，我就要出发到军中去了。现在，我把世界上的一切，我最心爱的——我的妻子和我的儿子，托付给你们。"25日拂晓前，他悄悄地走进罗马王的卧室，一动不动地站在熟睡的孩子的床前，目不转睛地、长久地注视着他的儿子，然后走出去，跳上马车，奔赴前线。

1814年最初的几次战役，拿破仑打得还是相当漂亮，他以少而集中的兵力，各个打击多而分散的敌人，取得节节胜利，他的元帅们简直不相信自己的眼睛：在他们面前的，又是波拿巴将军，征服意大利和埃及的年轻的英雄了。

1814年3月，拿破仑亲率大军绕远道包抄联军后方，企图切断敌人同莱茵河的交通线。可是这孤注一

法国大革命的利剑 **拿破仑**

→ 小罗马王

掷的结果恰恰给联军提供了一个机会。联军在波佐·迪·博尔戈的影响下,凭借绝对优势兵力,长驱直入,直捣巴黎。3月29日,玛丽亚·路易丝皇后带着年幼的皇储——罗马王离开了巴黎。30日,巴黎投降了。

3月27日,拿破仑才惊悉联军突袭巴黎的消息,称赞道:"这是很妙的一招,我永远不相信联军方面有哪一位将军能够做这件事情。"战略专家对这件事情的反映首先就是称赞。

他立即日夜兼程,带领军队前往巴黎。

3月30日晚上他到了枫丹白露,但是已经晚了,

在这里他知道了刚刚结束的战斗和巴黎投降的消息，他叹息道："圣火已经熄灭了。"

4月1日，在英、俄、奥、普四大国的策划下，法国成立以前外交大臣塔列朗为首的临时政府。6日，拿破仑违心地签署了退位诏书："联盟各国既已宣布拿破仑皇帝为重建欧洲和平的惟一障碍，忠于其誓词的皇帝拿破仑宣布他愿意退位，离开法国，甚至献出他的生命，这是为了国家的福利。"11日，他吞服鸦片自杀未遂。

亚历山大和联军得到关于退位的文告后欣喜若狂。亚历山大确定地说，厄尔巴岛将立即交与拿破仑完全支配，拿破仑的儿子罗马王和玛丽亚·路易丝将得到在意大利的独立领地。

4月20日，拿破仑在枫丹白露宫同近卫军告别。"士兵们，你们是我的老战友，我始终同你们走着光荣的道路，现在我必须同你们分别了……我想拥抱你们所有的人，但是，还是让我吻这个代表你们全体的军旗吧……"

拿破仑讲不下去了。他的声音中断了。他拥抱亲吻了旗手和军旗，然后与近卫队告别。很多近卫士兵像小孩子一样哭了。

后来，英国的报纸这样描述这一天："世界历史上

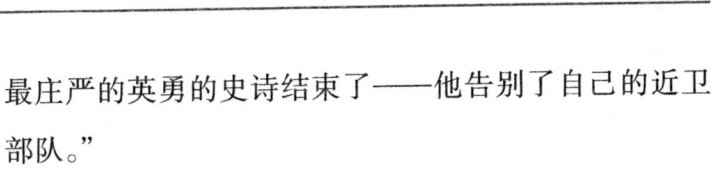

最庄严的英勇的史诗结束了——他告别了自己的近卫部队。"

就在同一天,拿破仑在几名将军和几百名士兵的陪同下,启程离开巴黎,被流放到地中海北部,离他家乡科西嘉岛50千米的厄尔巴岛。

一切似乎都结束了。

拿破仑退位以后,在1814年5月3日,普罗旺斯伯爵在联军刺刀的保护下登上了王位,这就是法国历史上的路易十八——波旁王朝复辟了。随同路易十八回到巴黎的保王党亡命分子在各个领域开始了穷凶极恶的报复行动。他们把路易十六上断头台的那一天定为"国丧日",把象征革命的三色旗重新换上被人民视为"国耻"的波旁的白百合花旗;他们为登陆叛乱而死的王党分子树立纪念碑;反动僧侣引证《圣经》,扬言购买过土地的农民将遭"天罚",被狗吃掉。

看来,历史永远不会原地踏步,它惯常的发展方式是螺旋式上升。产生于革命的新皇帝纵然在一定意义上走向了革命的反面,但他必定还是带着对旧制度、旧秩序的否定,历史还是进步的。

这一切,引起了广大农民、士兵甚至一部分资产阶级的恐惧和愤怒。"他在哪里呢?他什么时候再出现呢?"

身处孤岛的拿破仑，看似与世无争，但他深知笼罩在整个法国的气氛——法国还需要他。于是，一个大胆惊人的计划在他的心头酝酿成熟了。1814年12月的一天，拿破仑在散步的时候同一个老近卫军士兵打招呼，"喂，老发牢骚的，你在这里不感觉无聊吗？""不，皇帝，不过我也不觉得十分有趣。"拿破仑把一个金币塞到他手里，在走开的时候低着嗓子说："不会永远这样继续下去的。"他的大胆计划也得到了他母亲列蒂契娅的支持。"出发吧，我的儿子，遵循着你的使命。也许，你会遭到失败而马上丧失你的生命。但是，你不能留在这里，我看到这种情况感到十分悲哀。我们希望，在这么多次战斗中都保佑你的上帝再一次保佑你。"

←离开小岛

法国大革命的利剑　**拿破仑**

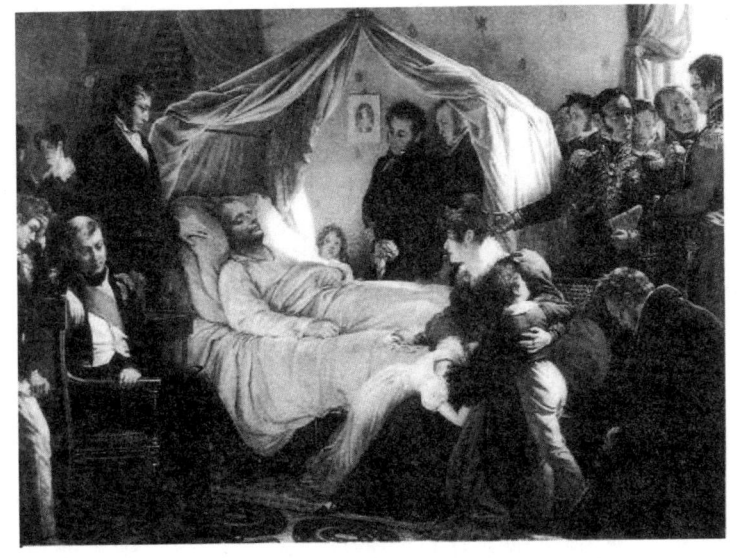

→拿破仑临终

　　1815年2月26日，拿破仑带领1 100名士兵登上小船向法国驶去，开始谱写他一生中最具冒险色彩的一章。

　　一路上，他们巧妙地躲过英法的巡逻舰，于3月1日凌晨3点钟登上了儒安港，并迅速北进。在格勒诺布尔遇到了配备有大炮的两个半常备步兵团和一个骠骑兵团。危急时刻，身穿灰上衣、头戴三角帽的拿破仑迈着坚定的步伐走向士兵。"第五团的士兵！你们看出是我吗？""你们当中谁想打死自己的皇帝？那就开枪吧！"顿时队形大乱，士兵们紧紧地把他包围起来，吻他的手，吻他的膝，高兴得哭起来了。

　　农民们也热烈欢迎他们的皇帝。他们沿途向他聚

拢，伴随他从一个村庄到另一个村庄，并且在每一个新的地点都换成了新的人群，一群农民似乎把他交给了另外一群农民，送给他军需用品，给予各种援助。人群中的人员在更换，但人数没有减少。"我只用我的烟盒就敲开了这些门，"拿破仑得意地说。他甚至夸大自己的力量，说他用不着拿烟盒去敲，"只要他一走近，大门就敞开了"。

法国沸腾了。军队都不战而倒到皇帝那边去了，一省接一省、一城接一城都丝毫不加抵抗地投在他的脚下。"我的雄鹰要从一个钟楼飞往另一个钟楼，栖息在圣母院大教堂"，在从里昂向巴黎推进的路上他这样喊着。

逃跑呀！这是王室宫廷的第一个想法。当时心灵的混乱是难以想象的。路易十八也于3月19日仓皇逃往比利时。20日晚，拿破仑在随从人员和骑兵的前呼后拥下进入巴黎。"人们在呼喊、哭泣，直接向马扑去，向马车扑去，什么也不想听。"

难以相信的事情实现了。赤手空拳的人不费一枪一弹，不经过最小的斗争，在19天内从地中海岸到了巴黎，赶走了波旁王朝，再度统治了法国。"军官和士兵做了一切"，是人民创造了这一奇迹。通过复辟王朝政府的报纸在这近二十天的报道，我们也可略见一斑：

法国大革命的利剑 **拿破仑**

→拿破仑「众望所归」

"科西嘉的怪物在儒安港登陆"——"吃人魔王向格腊斯前进"——"篡位者进入格勒诺布尔"——"波拿巴占领里昂"——"拿破仑接近枫丹白露"——"陛下将于今日抵达自己的忠实的巴黎。"很滑稽的是,随着拿破仑由南至北的进攻,加在他身上的绰号也逐渐改变了。

但是,拿破仑的统治再度带来的不是和平而是刀剑,被他的突然出现所震惊的欧洲,匆忙宣布拿破仑为"人类之敌",迅速组成第七次反法同盟,拼凑了100万的干涉大军。

1815年6月,拿破仑决定乘盟军主力尚未抵达法

国时,先下手击溃英国和普鲁士驻在比利时的军队。6月18日,英法两军在滑铁卢展开了激战,双方势均力敌,直杀得难分难解。威灵顿率领英军顶住了法军的冲锋,并在援军布吕歇尔率领的3万普军的支援下展开反攻,拿破仑大败,率残部向法国败退。是役,法军死伤25 000人,英普死伤22 000人。双方虽然损失相差无几,但拿破仑已完了。由法国最伟大最能干的首领指挥的法兰西前所未见的最优秀的军队再也不存在了,欧洲的命运倾刻之间发生了转变。

拿破仑明白,列强不是同他作战,而是同革命作战,抵挡反法联军的唯一希望就是发动全体人民参加战斗,但是他"不希望成为农民革命运动的国王",他淡漠地说:"人们有什么可感谢我的呢?我上台时,他们是贫困的;离开时,他们也是贫困的。"他彻底垮了。6月22日,拿破仑签署了退位诏书,结束了史称"百日王朝"的第二次统治。7月8日,路易十八乘坐联军的辎重车返回巴黎,波旁王朝再次复辟。7月15日,拿破仑登上了英舰柏雷勒芬号,以坚定的语气对梅特兰舰长说:"我是来把自己置身于贵国君主和法律的保护下的。"但是,拿破仑错了,他成了英国的俘虏。根据英国及其盟国协商一致的决定,他被放逐到遥远的圣赫勒拿岛。

法国大革命的利剑　**拿破仑**

圣赫勒拿岛是孤悬于大西洋上的一个英属的荒凉小岛。这个小岛离最近的海岸（非洲海岸）大约两千千米，乘坐当时的帆船从英国到这个小岛大约需两个半月至三个月。拿破仑是在1815年10月15日到达该岛的。开始，他被安置在一个叫"荆园"的别墅里，轻松地打发日子：他可以到任何地方去骑马，自己决定接见或不接见任何人。驻该岛的官兵也对拿破仑表现出尊重和同情的心情，"热烈希望他看自己一眼，力求他说出片言只语来"。后来，拿破仑迁到了一个名叫"长林"的高地中央，生活起居受到严格的控制，这对戎马一生、桀骜不驯的拿破仑来说简直是活受罪。

光阴就在百无聊赖中度过。从1819年起，他的病就越来越多了。1820年病情开始加剧，消化能力的瓦

→ 在圣赫勒拿岛度过余生的拿破仑

解越来越明显,他也很少驾车出游了。1821年3月,可怕的内部的疼痛复发,而且发作的次数也越来越多。5月5日下午6点钟,黄昏之前,拿破仑与世长辞了。离床很近的人听见了他最后的话:"法兰西……军队……先锋……"那年,他仅仅52岁。

四天以后,棺材从隆乌德运出。在送葬行列里,除了随从人员和仆人以外,还有卫队全体人员、全体水兵和海军军官,以总督为首的文官,以及几乎全岛的居民。当棺材下放到墓穴的时候,礼炮轰鸣:英国人给死去的皇帝致最后的军人的敬礼。

1840年12月5日,法国政府将拿破仑的遗骸隆重地运回巴黎,安葬在巴黎荣誉军人院的圆顶教堂内。棺木上放着他生前佩戴过的剑和帽,墓顶镶嵌的金属板上,刻着两行金字:"拿破仑,皇帝和国王,1821年5月5日于圣赫勒拿岛逝世。"这件事当时轰动了法国。勒古威在《最后的回忆》中写道:"这一天在场的人永远不会忘记,……灵车所到之处人山人海。台阶上站着黑压压的人,灵车每前进一步,人们都热烈地欢呼。"

拿破仑逝世19年后,他的临终遗愿终于实现了——魂归故里。

拿破仑是个伟人,同时也是个凡人。他一生叱咤

法国大革命的利剑　拿破仑

← 1840年拿破仑遗骸被迎回巴黎

风云于疆场、飞黄腾达于官场，但也恩恩怨怨于情场、卿卿我我于花前月下。拿破仑的一生是伟大的一生，也是平凡的一生。

他是一位超人，但并非一位神人。他以自己辉煌的业绩创造了一个以自己名字命名的时代——拿破仑时代。

他锐意进取、意志刚强、勇敢果断、提倡科学、讲求效率；他顺应历史潮流，保存和巩固了法国大革命的主要成果；他挥舞利剑为资本主义的发展杀出一条血路；他冲击了欧洲大陆封建制度的基础，促进了各国民族的觉醒和振奋。但他也冷酷自私，野心勃勃，

贪婪狡诈，鄙视人民，专横跋扈；他还逆历史潮流而动，穷兵黩武，涂炭生灵，给法国和许多国家的人民带来了深重灾难；他用自己的双手为波旁王朝的复辟铺平了道路。

拿破仑是一位杰出的人，但也是一位复杂的人。

拿破仑死了，但"拿破仑传说"却在逐渐形成。

"拿破仑一年比一年高大起来，他的历史在慢慢地形成。"他是一位"同亚历山大和凯撒一样的天才人物"。"在25年里，他使法兰西民族成为最伟大、最光荣的民族。"人们如此评论。

但历史并没有到此结束。

1848年，法国的大地上出现了"共和国万岁"和"拿破仑万岁"的口号。拿破仑被看成是大革命的代表、继承人和传播者，是民族原则的捍卫者，是民族天才的体现，是传统和秩序的象征。

← 拿破仑遗骸上岸